_____ 드림

초등 공부습관이 평생성적을 만든다

초등 공부습관이 평생성적을 만든다

1판 1쇄 인쇄 2009년 11월 16일
1판 1쇄 발행 2009년 11월 20일

지은이 서상훈, 서상민

발행인 장상진
발행처 경향미디어
등록번호 제313-2002-477호
등록일자 2002년 1월 31일

서울시 마포구 합정동 196-1 2층 우편번호 121-883
대표전화 1644-5613, 팩시밀리 02-304-5613

저작권자 ⓒ 2009 서상훈, 서상민

ISBN 978-89-90991-89-8 13370

※값은 표지에 있습니다.
※파본은 구입하신 서점에서 바꾸어 드립니다.

경향에듀 는 경향미디어의 자녀교육 전문 브랜드입니다.

예습·수업·복습 3단계
완전학습 습관

초등공부 습관이 평생성적을 만든다

서상훈·서상민 지음

경향에듀

완벽이해와 완벽암기로 만드는 완전학습 습관

학창 시절에는 모두 4번의 중요한 시기가 있다고 합니다. 그 4번은 초등학교 3학년에서 4학년, 초등학교 6학년에서 중학교 1학년, 중학교 3학년에서 고등학교 1학년, 고등학교 2학년에서 3학년 올라가는 겨울방학을 말합니다. 그런데 학년이 올라갈수록 성적을 역전시키기는 점점 더 어렵습니다. 그래서 중학교에 올라가기 전 초등학교 때 다지는 공부 습관이 중요한 겁니다.

여러 가지 공부 습관 중에서도 가장 으뜸은 '완전학습 습관'입니다. 완전학습 습관은 학습의 불문율 중에 하나인 완전학습 이론에 따라 공부하는 습관을 의미합니다. 초등학교 때 완전학습 습관 하나만 잘 들여도 중학교, 고등학교 때 공부로 힘들어 하는일이 없을 겁니다.

완전학습이란 전 과목에서 만점을 받을 정도의 학습을 의미하며 완벽한 이해와 완벽한 암기로 이루어져 있습니다. 공부를 할 때 부모님이나 선생님에게 이해와 암기가 완벽해야 만점을 맞을 수 있다는 말을 한 번쯤은 들어봤을 겁니다. 하지만 딱 거기까지만 얘기하는 경우가 대부분입니다. 그 이후의 과정은 여러분들이 '열심히', '잘' 알아서 공부했을 겁니다. 사실 완전학습은 단어 하나로 설명하기엔 너무나 엄청난 내용이 숨겨져 있습니다. 그래서 '열심히, 잘'만 공부해서는 만점을 받기 어려운 겁니다.

완전학습에서 완벽이해는 주로 복습을 할 때 활용하고, 완벽암기는 주로 시험을 볼 때 활용합니다. 복습을 할 때 완벽이해가 되려면 아무거나 무작정 공부해서는 안 되고 이해한 것과 이해하지 못한 것을 구분해서 이해하지 못한 것을 이해가 될 때까지 반복해야 합니다. 시험공부를 할 때 완벽암기가 되려면 마찬가지로 암기한 것과 암기하지 못한 것을 구분해서 암기하지 못한 것을 암기가 될 때까지 반복해야 합니다. 이렇게 완벽이해와 완벽암기에 성공했을 때 완전학습이 되는 것입니다.

그런데 여러분들이 공부를 할 때 이해암기한 것과 이해암기하지 못한 것 중에서 어떤 것을 더 많이 공부하나요? 아마도 이해암기하지 못한 것이 어렵고 힘들기 때문에 이해암기한 것을 더 많이 공부할 겁니다. 공부를 하고 난 후에 변화가 있으려면 모르는 것을 아는데 시간과 노력을 기울여야 합니다. 하지만 쉽고 편하게 공부하기 위해서 아는 것을 반복하면서 성적이 오르지 않는다며 고민한다면 앞뒤가 맞지 않는 일입니다. 복습을 하던 시험공부를 하던 모르는 것을 이해하고 암기하는 데 중점을 두고 공부해야 성과를 거둘 수 있습니다.

이제 완전학습이 뭔지는 알게 되었습니다. 완전학습이 중요한 이유는 공부를 할 때 기준이 되기 때문입니다. 복습을 할 때는 '내가 어느 정도 공부해야 완벽이해가 될까?'라는 질문을 바탕으로 '말이나 글로 표현, 설명이 가능해야 한다'는 기준을 세워야 합니다. 시험공부를 할 때는 '내가 어느 정도 공부해야 완벽암기가 될까?'라는 질문을 바탕으로 '2초 이내에 말이나 글로 표현, 설명이 가능해야 한다'는 기준을 세워야 합니다.

시험공부를 할 때 '2초 이내', 즉 툭 치면 나올 정도로 완벽 암기가 되어야 하는 이유는 시험의 2가지 특성시간적, 공간적 제한 때문입니다. 아무리 아는 것이 많고, 공부를 많이 했더라도 제한 시간 내에 문제를 풀지 못하면 공부를 하지 않은 것과 마찬가지 결과가 나옵니다. 그래서 시험에서 암기가 중요한 것입니다.

이러한 완벽이해와 완벽암기의 기준을 바탕으로 점검과 확인을 하면서 과목별, 단원별 자기 수준을 알아야 합니다. 즉 내가 몇 번을 반복하면 말이나 글로 표현, 설명할 수 있고, 문제를 보자마자 정답을 떠올릴 수 있는지 정확한 반복 횟수를 아는 것이 중요합니다. 이렇게 반복 횟수를 알게 되면 공부를 할 때 심리적으로 편안해지고, 자신의 수준에 맞는 목표를 정확하게 세울 수 있기 때문에 목표달성의 확률도 높일 수 있으며, 성취감과 만족감을 높여서 공부에 대한 자신감을 키울 수 있습니다.

실제로 완전학습으로 성공한 사례는 많습니다. 《가난하다고 꿈조차 가난할 수 없다》를 쓴 김현근, 《월드클래스 공부법》을 쓴 박승아, 《하버드 감동시킨 박주현의 공부반란》을 쓴 박주현이 대표적인 사례입니다. 김현근은 대한민국 천재들만 모인다는 한국과학영재학교를 수석 졸업했고, 박승아는 국제수능에서 만점을 받았으며, 박주현은 토익 990점 만점과 SAT 99.9% 득점이라는 엄청난 결과를 거뒀습니다.

완전학습 습관만 잘 들인다면 여러분이 바라는 모든 꿈과 목표를 이룰 수 있을 거라 믿습니다. 이 책과 만난 여러분은 이미 행운의 주인공입니다. 파이팅!

목차

머리말······4

제1부 오리엔테이션

CHAPTER 01 공부공식
- 공부에도 룰이 있다 : (시간+노력)×(이해+암기) ······13
- 미래의 피라미드 그리기 : 사명, 비전, 꿈, 목표, 계획 ······19
- 쉽게 배우는 기억의 원리 : 망각곡선 이론, 뇌의 특성, 에피소드 기억 ······23
- 쉽게 배우는 학습의 원리 : 5회 이상 누적복습, 3단계 학습법 ······28
  쉬어가는 이야기 자기주도학습의 공교육 성공 사례 ······33

CHAPTER 02 완전학습을 위한 1년 학습 계획 세우기
- 꿈과 목표 세우기 ······39
- 방학학습법 ······41
- 숲을 보고 난 후에 나무를 보자 ······44
- 학습 계획 체크 리스트 ······47
  활동시트 계획 세우기 ······50

제2부 완전학습을 위한 실전자세

CHAPTER 03 수업 전 몸 풀기
- 만점자세 : 수업 전 ······65
- 예습하기 : 수업 전 ······68
- 에피소드 기억 활용하기 : 오감 활용법 ······71

CHAPTER 04 수업 중 집중하기
- 구분하기 : 수업 중 ······75
- 복습하기 : 수업 중 ······78
- 에피소드 기억 활용하기 : 질문하기, 완전학습 노트 ······80

CHAPTER 05 수업 후 누적복습하기
- 암기 중심의 5분 학습법 : 수업 후 ······85
- 1. 1. 1 학습법 : 1일 1시간 1회, 이해 중심 ······87
- 에피소드 기억 활용하기 : 카드 학습법, 파트너 학습법 ······80

제3부 | 방과 후 집에서 다지는 완전학습 습관

CHAPTER 06 집에서 누적복습하기
- 숙제하기 : 입문 ……101
- 부모님께 수업내용 가르치기 : 하수 ……103
- 수업 핵심내용 정리하기 : 중수 ……105
- 수업 핵심내용 개념도 그리기 : 고수 ……107
- 학습일기 쓰기 : 달인 ……109
- 완전학습 환경 만들기 : 공신 ……111

  활동시트 개념도 습관 만들기 ……113

CHAPTER 07 만점 시험 전략
- 목표 세우기 ……125
- 계획 세우기 : 월간, 주간, 일간 ……127
- 시험 페이퍼 만들기 : 누적복습 활용하기 ……130
- 시험장 필살기 ……133
- 시험 평가하기 : 시험일기 쓰기 ……136

  활동시트 시험 계획 습관 만들기 ……138

CHAPTER 08 완전학습을 위한 과목별 학습법
- 국어 학습법 ……143
- 영어 학습법 ……148
- 수학 학습법 ……153
- 사회 학습법 ……158
- 과학 학습법 ……163

제4부 | 학습 코칭 사례_정말 성적이 쑥 올랐어요

- 수학 문제 푸는 게 정말 싫어요_ 6학년 지은 ……170
- 공부만 잘하면 엄친아_ 5학년 민수 ……188

부록
- 자기주도학습 테스트 ……205
- Q&A 마당 ……212

제1부
오리엔테이션

여러 가지 공부 습관 중에서도 가장 으뜸은
'완전학습 습관'입니다.
완전학습 습관은 학습의 불문율 중에 하나인
완전학습 이론에 따라 공부하는 습관을 의미합니다.
초등학교 때 완전학습 습관 하나만 잘 들여도
중학교, 고등학교 때 공부로 힘들어하는 일이 없을 겁니다.

CHAPTER 01

공부공식

CHAPTER 02

완전학습을 위한 1년 학습 계획 세우기

CHAPTER 01

공부공식

- 공부에도 룰이 있다 : (시간+노력)×(이해+암기)
- 미래의 피라미드 그리기 : 사명, 비전, 꿈, 목표, 계획
- 쉽게 배우는 기억의 원리 : 망각곡선 이론, 뇌의 특성, 에피소드 기억
- 쉽게 배우는 학습의 원리 : 5회 이상 누적복습, 3단계 학습법
  쉬어가는 이야기 자기주도학습의 공교육 성공 사례

공부에도 룰이 있다
(시간+노력)x(이해+암기)

공부의 룰만 알면 공부는 쉽고, 재미나며, 즐겁고, 상쾌한 것이 될 수 있습니다. 공부의 룰 중에서도 가장 중요하고 반드시 알아야 하는 것이 바로 '완전학습'입니다.

운동이나 컴퓨터 게임을 좋아하는 친구가 많을 겁니다. 그런데 어떤 친구는 좋아하는 데 나는 별로 좋아하지 않고, 나는 좋아하는 데 다른 친구들은 싫어하는 운동 종목이나 게임 종류가 있을 겁니다. 이러한 차이가 나는 이유가 무엇일까요? 물론 개인적인 취향에 따라 다를 수도 있지만 공통으로 해당하는 이유는 '룰Rule/규칙'의 차이 때문입니다.

내가 가장 좋아하는 운동이나 게임을 하나만 떠올려보기 바랍니다. 좋아한다는 것은 잘 안다는 것이고, 잘 안다는 것은 룰을 많이 안다는 것입니다. 반대로 싫어하는 것은 룰을 잘 모른다는 것입니다. 혹시 컴퓨터 게임에 빠져 있는 친구가 있다면 십중팔구 룰을 알게 될 때 생기는 중독성 때문입니다.

룰을 알고 모르냐에 따라서 좋아하고 싫어하는 정도가 큰 대표적인 게임이 바로 '바둑'입니다. 바둑은 두 사람이 가로와 세로 각각 19줄이 그어진 바둑판 위 361개의 교차점에 흑과 백의 돌을 번갈아 놓으며 집의 크기에 따라 승을 겨루는 놀이입니다.

바둑은 한국, 중국, 일본, 대만 등 동아시아 국가들 사이에서 대중적으로 행해지는 대표적인 놀이문화로, 다른 나라에도 동양에서 인기 있는 보드게임으로 알려져 있습니다. 바둑을 배우면 바둑 게임의 룰에 묘한 재미를 느낄 수 있고, 그렇게 흥미가 생기면 집중력과 인내력을 기를 수 있게 됩니다. 바둑 실력이 향상되면 조직적 사고력과 수학적 분석력이 좋아져서 학업 능력이 올라갑니다. 대국 예법과 페어플레이 정신을 통해 상대를 존중하고 인정하는 습관을 기를 수 있고, 다른 사람과 함께 살아가는 원리를 체득하게 되며, 멋진 바둑 한 판을 두기 위해 최선을 다하는 태도도 기를 수 있습니다.

'바둑' 하면 떠오르는 초등학생 때 추억이 하나 있습니다. 같은 동네에 사는 친구의 집이 경로당 옆이었는데, 자주 드나들다

보니 자연스럽게 할아버지들에게 바둑을 배우게 되었습니다. 그런데 어느 날 옆에서 구경하던 나에게 바둑을 한 번 두자고 하는 겁니다. 바둑을 한 번도 둬본 적이 없었지만, 바둑판에서 했던 오목이나 알까기 정도라고 생각하고는 겁 없이 덤벼들어서 바둑을 두기 시작했습니다.

첫 번째 판에서 자기 돌로 집을 많이 지으면 이긴다고 하기에 상대방은 신경 안 쓰고 벽돌을 쌓듯이 무작정 돌을 연결시켜 나갔더니 10분도 안 되어서 바둑이 끝나고, 당연히 큰 집 차이로 지고 말았습니다. 두 번째 판에서는 자기 돌로 상대방 돌을 둘러싸서 잡으면 유리하다고 하기에 그렇게 했더니, 오히려 내 돌이 다 잡혀버려 바둑이 끝났을 때는 내 집이 하나도 없었습니다. 세 번째 판에서는 잡히지 않기 위해 요리조리 피했는데, 자꾸 따라오는 겁니다. 바둑판 끝까지 가면 살 수 있을 거라 생각하고 계속 도망가다가 결국 모두 잡혔는데, 나중에 알고 보니 그 전술이 '축'이라는 것이었습니다. 죽은 돌을 모두 들어내자 바둑판에 내 돌은 거의 보이지 않았습니다. 그때의 충격이 지금도 생생합니다. 물론 그 충격 덕분에 장문, 사활, 옥집, 환격, 회돌이, 정석, 포석, 끝내기 등 바둑의 전술에 대해 관심을 갖고 열심히 배우게 되었습니다.

귀, 변, 중앙, 화점, 덤, 호선, 정선, 접바둑, 착수금지, 빅, 패,

장생 등 바둑 용어와 규칙을 모르는 사람은 바둑을 오목이나 알까기보다 재미없는 게임이라고 생각하지만 '바둑의 룰'을 아는 사람은 컴퓨터 게임보다 바둑이 더 재미있는 게임이라고 좋아합니다. 결국 무언가를 좋아하고 즐기기 위해서는 반드시 '룰'을 알아야 합니다.

공부의 룰을 알면 공부도 재미있어진다

그런데 운동이나 게임에만 룰이 있는 게 아니라 공부에도 룰이 있습니다. 이런 공부의 룰을 '학습법'이라고 합니다. 지금까지 여러분들이 공부에 관해서 어렵고, 힘들고, 짜증나고, 불쾌한 감정이 들었다면 공부의 룰을 모르고 공부했기 때문입니다. 공부의 룰만 알면 공부는 쉽고, 재미나며, 즐겁고, 상쾌한 것이 될 수 있습니다. 공부의 룰 중에서도 가장 중요하고 반드시 알아야 하는 것이 바로 '완전학습'입니다.

그리고 '완전학습'을 이해하기 위해서는 먼저 '공부공식'을 알아야 합니다. 1시간 동안 열심히 공부를 하고 난 후에 책상에서 일어났는데 갑자기 머리가 하얘지는 경험이 다들 있을 겁니다. 이런 경우라면 공부를 했다고 할 수 없을 겁니다. 공부공식은 다음과 같이 정리됩니다.

> 공부=(시간+노력) × (이해+암기)

공부를 한 만큼 성과가 나지 않는 학생은 알게 모르게 공부의 초점이 시간과 노력에 맞춰져 있기 때문입니다. 그래서 보통 1시간 동안에 몇 페이지를 보겠다, 또는 몇 문제를 풀겠다는 생각을 갖고 공부합니다. 그런데 공부를 잘하는 학생은 이것은 기본입니다. 여기에 공부를 했으면 공부한 내용이 시험문제에 나왔을 때 정확하게 맞출 수 있을 정도로 완벽하게 이해하고 암기하겠다는 마음가짐을 갖고 공부합니다. 즉 공부를 시작하기 전의 마음가짐이 다르기 때문에 과정이 다르고 결과가 다를 수밖에 없는 것입니다.

돋보기로 종이를 태우려면 정확하게 초점을 맞춰야 합니다. 너무 멀거나 가까우면 팔만 아프고 종이는 타지 않듯이, 공부의 초점이 엉뚱한 곳으로 가 있으면 아무리 열심히 공부하더라도 성과를 내기 어렵습니다.

공부공식을 반드시 알아야 하는 이유는 '시간, 노력'에 맞춰져 있는 공부 초점을 '이해, 암기' 쪽으로 살짝 옮기기만 해도 2배 이상의 학습 효과를 거둘 수 있기 때문입니다. 이제부터는 공부를 했으면 머리에 남는 게 있어야 합니다. 머리에 남는 게 있어야 한다는 의미는 이해되고 암기된 것이 얼마나 있느냐는 의미입니다. 앞으로 공부를 할 때는 공부공식을 꼭 염두에 두고 공부하기 바랍니다.

사명이 있는 사람은 꿈이 있고, 목표가 있으며, 계획을 세웁니다. 세상 사람을 이롭게 하기 위해 봉사하고 기여하는 것이 사명인 사람은, 태어나서 죽을 때까지 사명을 다하기 위해 헌신합니다.

　부모님으로부터 '제발 공부 좀 해라'라는 소리를 들을 때마다 혹시 '제발 공부 좀 그만해라, 그러다 어떻게 되겠다'라는 소리를 듣는 친구도 있을까 궁금해질 겁니다. 그런데 공부에 빠져서 공부를 말려야 할 정도로 열심히 하는 친구들의 공통점을 조사해봤더니 미래의 모습을 구체적으로 그리고 있었습니다. 미래의 모습을 나타내는 단어에는 사명, 비전, 꿈, 목표, 계획이 있습니다. 이 단어들을 피라미드 형식으로 표현한 것이 바로 '미래의 피라미드'입니다.

미래의 피라미드

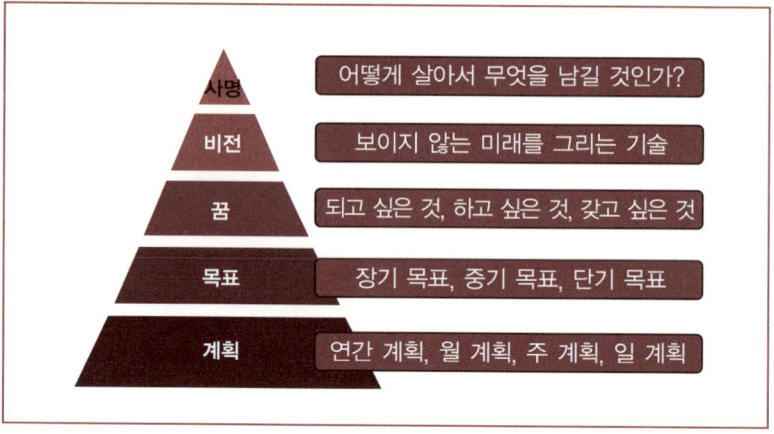

　미래를 나타내는 단어에 대해 전문가마다 조금씩은 다르게 설명을 하지만, 이해를 돕기 위해 시간의 순서에 따라 구분해 보았습니다. 일반적으로 사명은 평생 삶의 지침이고, 꿈과 비전은 수십 년 삶의 지침이며, 목표는 수년 삶의 지침이고, 계획은 1년 미만의 삶의 지침이라고 할 수 있습니다. 그리고 목표는 다시 장기 목표수십 년, 중기 목표수년, 단기 목표1년 미만로 나눌 수 있는데, 장기 목표는 꿈이나 비전과 비슷한 의미로 사용되고, 단기 목표는 계획과 비슷하다고 보면 됩니다.

　예를 들어 노벨상을 꿈꾸는 사람은 수십 년 동안의 장기 목표가 있습니다. 어떤 대학에 들어가고, 어떤 대학원을 나와서, 세계 최고의 대학에서 박사 과정을 마치고, 얼마 동안의 연구를 거쳐야 하는지 목표들이 정해집니다. 그리고 그 장기 목표에 맞춰서 중기 목표가 정해지고, 중기 목표에 따라 단기 목표_{연간, 월간, 주간, 일간, 시간 계획}가 정해집니다. 모든 계획과 목표는 꿈_{장기 목표}을 기준으로 정해지는 것입니다.

성공한 인생 뒤에는 '꿈'이 있다

베스트셀러《7막 7장》의 저자 홍정욱은 초등학생 때 미래의 모습을 구체적으로 그렸습니다. 그의 사명은 '케네디 대통령처럼 역사에 큰 획을 긋는 인물이 되기 위해 완벽한 삶을 사는 것'이고, 꿈과 비전은 대한민국을 빛내는 훌륭한 정치인이 되는 것이며, 장기 목표는 국회의원, 중기 목표는 하버드 대학교 입학, 단기 목표는 케네디의 모교인 초우트 로즈마리 홀 고교에 입학하는 것이었습니다. 그렇게 자신의 미래를 그렸던 홍정욱은, 그에 따라 중학교 3학년 때 미국으로 건너가 초우트 로즈마리 홀 고교에 입학했으며, 하버드 대학교를 우수한 성적으로 졸업하고, 국내 최고의 영어 신문〈코리아 헤럴드〉의 발행인을 맡았으며, 현재는 국회의원으로 활동 중입니다.

제8대 유엔 사무총장 반기문은 고등학생 때 미래의 모습을 구체적으로 그렸습니다. 그의 사명은 모두를 위한 평화와 번영과 존엄의 세상을 만드는 데 기여하는 것이고, 꿈과 비전은 대한민국의 훌륭한 외교관이 되는 것이며, 장기 목표는 외무고시 합격, 중기 목표는 서울대 외교학과 입학, 단기 목표는 미국 방문 프로그램VISTA에 선발되는 것이었습니다.

반기문은 미래의 피라미드에 따라 고3 여름방학 때 비스타 프로그램으로 미국을 방문하여 케네디 대통령을 만났고, 서울대 외교학과를 우수한 성적으로 졸업하고 제3회 외무고시에 합격하였으며, 외교통상부 차관과 유엔총회 의장비서실 실장, 대통령비서실 외교보좌관을 거쳐 제33대 외교통상부 장관을 역임한 후에 2006년 단군 이래 대한민국 최고의 위인으로 한국 역사에 영원히 기록될 제8대 유엔 사무총장에 선출되었습니다.

홍정욱과 반기문 두 사람 모두, 학창 시절에 미래의 모습을 구체적으로 그릴 수 있는 기회를 가졌습니다. 사명이 있는 사람은 꿈이 있고, 목표가 있으며, 계획을 세웁니다. 세상 사람을 이롭게 하기 위해 봉사하고 기여하는 것이 사명인 사람은, 태어나서 죽을 때까지 사명을 다하기 위해 헌신합니다. 사명을 다하기 위해 노벨상을 꿈꾸고, 꿈을 이루기 위해 목표를 세우며, 목표를 달성하기 위해 세부 계획을 세웁니다. 모든 계획과 목표, 꿈은 사명을 기준으로 정해집니다. 지금부터 자신의 멋진 미래를 종이에 그려보기 바랍니다.

쉽게 배우는 기억의 원리
망각곡선이론, 뇌의 특성, 에피소드 기억

공부를 잘하는 학생들은 5번 이상 반복하는 것을 너무나 당연하게 생각합니다. 공부를 잘하기 위한 가장 기본적인 요소가 바로 뇌의 특성에 따라 우리 뇌가 좋아하는 방식으로 공부하는 것이란 사실을 명심해야 합니다.

공부를 잘하려면 기억의 원리를 알아야 합니다. 기억의 원리 중에 대표적인 것이 바로 '망각곡선 이론'입니다. 사람은 뭔가를 배우면 잊어버리는데, 배운 후 1시간이 지나면 50%, 하루가 지나면 60%, 일주일이 지나면 70%, 한 달이 지나면 80% 정도를 잊어버립니다. 배운 것을 잊어버리지 않기 위해서는 '주기적 반복'이 중요한데, 이런 내용을 이론적으로 증명한 사람이 에빙하우스며, 그의 이론을 망각곡선 이론이라고 합니다.

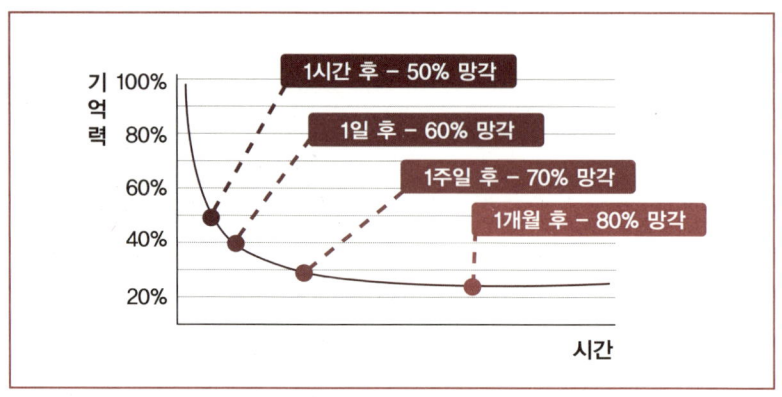

그의 이론에 따르면 같은 내용을 7번 정도 반복해야 100% 기억에 성공할 수 있습니다. 일반적으로는 같은 내용을 5번 정도 보면 완벽암기에 성공한다고 합니다. 그리고 한 번에 여러 번 반복하는 것보다는 일정한 시간 간격을 두고 주기적으로 반복하는 것이 더욱 효과적이라고 합니다.

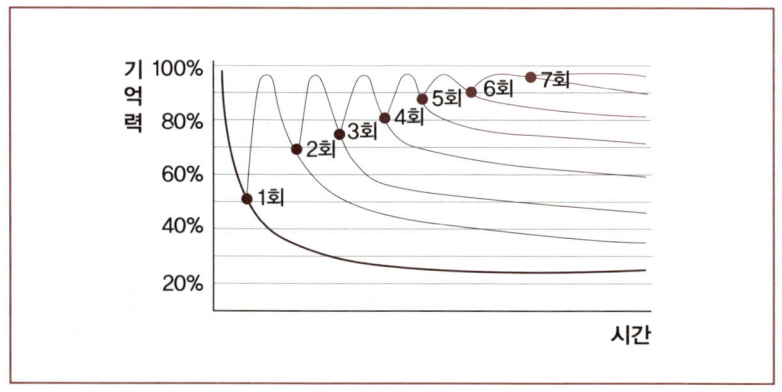

여기에서 우리가 반드시 알아야 할 것이 있습니다. 보통 시험공부를 할 때 시험 범위에 있는 내용을 2~3번 반복하는 친구가 대부분입니다. 하지만 5번 이상을 봤을 때 2~3번 반복할 때보다 확실히 문제를 맞힐 수 있다는 것을 잘 알 겁니다. 그런데 왜 우리는 2~3번 밖에 반복하지 않을까요? 물론 공부할 양이 많아 시간이 모자랄 수도 있습니다. 하지만 더욱 중요한 이유는 우리 뇌의 특성 때문에 그렇습니다.

우리 뇌는 새로운 것을 받아들이는 것은 좋아하지만 아는 것을 반복하는 것은 무척이나 싫어합니다. 그래서 아무리 재미있는 영화라도 여러 번 보게 되면 지루함을 느끼게 되는 것입니다. 그런데 일상생활을 하는 데는 이런 뇌의 특성이 큰 문제가 되지 않지만 공부를 잘하기 위해서는 이런 특성을 받아들이고 이겨내는 힘이 필요합니다.

공부를 할 때 2~3번 반복하면 뇌가 거부반응을 일으켜서 '이거 아는 건데 또 해야 돼?'라는 생각이 들면서 하기 싫은 느낌이 생깁니다. 이럴 때 반복을 그만두면 성적이 좋을 리 없습니다. 공부를 하는 과정에서 누구나 겪는 자연스러운 현상이므로 꾹 참으면서 2~3번만 더 반복하면, 어떤 문제든 정확하게 맞힐 수 있을 겁니다.

공부를 잘하기 위해서는 마음가짐이 중요

하기 싫은 느낌이 들 때 효과적으로 이겨내는 방법은 미래의 모습을 긍정적으로 그려보는 겁니다. 문제를 해결했을 때 만족감과 성취감을 느낄 수 있고, 성적이 올라서 목표를 달성하며, 시험에 합격하고, 부모님과 선생님에게 칭찬을 받으며, 선물을 받는 등 생각만 해도 기분 좋아지는 일이 많을 겁니다. 이미 공부를 잘하는 친구들이 활용해서 효과를 보고 있는 방법이니 여러분도 따라해보기 바랍니다.

공부를 잘하려면 어찌 보면 너무나 당연한 이런 사실들을 당연한 것으로 받아들이는 마음가짐이 중요합니다. 공부를 잘하는 학생들은 5번 이상 반복하는 것을 너무나 당연하게 생각합니다. 공부를 잘하기 위한 가장 기본적인 요소가 바로 뇌의 특성에 따라 우리 뇌가 좋아하는 방식으로 공부하는 것이란 사실을 명심해야 합니다.

우리 기억에는 '의미 기억'과 '에피소드(경험) 기억'이 있습니다. 의미 기억은 책상에 앉아서 공부를 통해 기억하는 것이고, 에피소드 기억은 어릴 때의 추억이나 소풍 갔던 기억처럼 공부하지 않고도 기억되는 것입니다. 그런데 의미 기억보다 에피소드 기억이 훨씬 확실하게 오랫동안 기억에 남습니다. 그래서 공부를 할 때 에피소드 기억을 적극적으로 활용하는 것이 중요합니다.

에피소드 기억에 효과적인 대표적인 방법은 3가지입니다.

첫째, 체험하기입니다. 사회 중에서 지리는 한 번 가보면 되고, 과학은 한 번 실험해보면 공부가 끝납니다. 체험하지 않으면 달달 외워서 공부해야 하는데, 그렇게 하더라도 체험해본 학생이 유리합니다.

둘째, 질문하기입니다. 질문을 하게 되면 질문하는 사람과 받는 사람 사이에 에피소드가 생깁니다. 그래서 질문을 통해 해결한 문제는 훨씬 오랫동안 확실하게 기억할 수 있습니다.

셋째, 가르치기입니다. 가르치기도 가르치는 사람과 가르침을 받는 사람 사이에 에피소드가 생겨서 기억력 향상에 큰 도움이 됩니다.

이런 에피소드 기억을 잘 활용하려면 '파트너 학습법'이 도움이 됩니다. 파트너 학습법은 두 사람이 한 조가 되어서 서로 질문하거나 가르치면서 공부한 내용을 확인하는 방법입니다. 만약에 함께 공부할 사람이 없다면 집에서 기르는 애완동물(개, 고양이)이나 인형, 식물, 장난감과 함께 공부해도 됩니다. 소심하거나 내성적인 친구라면 거울을 보면서 공부해도 좋습니다. 파트너 학습법은 선의의 경쟁으로 공부가 게임처럼 재미있어지고, 기억에도 도움이 되므로 적극 추천합니다.

쉽게 배우는 학습의 원리
5회이상 누적복습, 3단계학습법

우리가 기억을 잘하려면 망각곡선 이론에 따라 잊어버릴 때마다 반복하는 것이 유일한 방법인데, 3단계 학습법을 활용하게 되면 자연스럽게 기억률을 100%로 유지할 수 있습니다.

공부를 잘하려면 기억의 원리와 함께 학습의 원리를 알아야 하는데, 그 대표적인 것이 바로 '자연적 학습기술'입니다. 운동 종목 한 가지, 악기 한 가지 정도는 배워본 경험이 다들 있을 겁니다. 그런데 어떻게 배웠는지 그 과정을 한 번 자세히 들여다보면 비슷한 점이 많습니다.

첫 번째 시간에는 선생님에게 기본자세와 함께 한 가지 동작을 배웁니다. 두 번째 시간에는 전 시간에 배웠던 것을 반복 하고 새로운 동작을 하나 배웁니다. 세 번째 시간에는 두 번째 시간까지 배웠던 것을 반복하고 새로운 동작을 추가합니다. 네 번째 시간에는 세 번째 시간까지 배웠던 것을 반복하고 다시 새로운 동작을 추가합니다. 이런 방식을 누적복습이라고 하며, 우리가 뭔가를 배울 때 전 세계 남녀노소 누구나 활용하는 방법이라고 해서, '자연적 학습기술'이라고 불립니다.

자연적 학습기술은 5회 이상의 누적복습이 일반적인데, 기억을 효과적으로 해서 학습 효과를 극대화하는 방법입니다. 그리고 자연적 학습기술의 대표적인 사례가 바로 예습-수업-복습으로 이어지는 3단계 학습법입니다. 예습을 하면서 학습 내용을 1번 보고, 수업을 들으면서 학습 내용을 2번 보고, 수업 후에 5분 복습을 하면서 3번 보고, 방과 후에 자습을 하면서 4번 보고, 주말에 일주일 동안의 학습 내용을 복습하면서 5번 봅니다. 이렇게 예습-수업-복습을 충실히 하다 보면 자연스럽게 5회 이상의 누적복습이 되면서 '자연적 학습기술'을 활용하게 되는 것입니다.

3단계 학습법은 '시간관리'와 '기억의 메커니즘' 측면에서 특히 중요합니다. 보통의 학생들은 수업시간에 배운 내용을 시험기간에만 복습하게 되는데, 이때는 기억의 원리에 의해 다 까먹고 혼자서 새로 공부하는 '독학'과 같게 됩니다. 수업이 끝난 후 기억이 가장 생생할 때 복습을 하면 5분이면 끝날 공부를 나

중에 한 달 정도 지나서 시험기간에 복습을 하니까 3시간 정도 걸리는 것입니다. 우등생은 항상 시간이 남아돌아가고 공부를 못하는 학생은 항상 시간이 부족한 이유는 3단계 학습법을 활용하느냐 하지 않느냐의 차이 때문입니다.

학습법의 차이가 우등생을 만드는 열쇠

시험기간에만 공부하는 벼락치기가 좋지 않은 진짜 이유는 수업시간에 선생님의 도움을 받아서 짧은 시간에 쉽게 이해하는 장점을 전혀 활용할 수 없고, 다 까먹고 새로 공부하기 때문에 기본적으로 중요하다고 강조한 내용을 공부할 시간밖에 없습니다.

시험기간에는 모든 학생이 열심히 공부하지만 공부하는 내용은 학생마다 다르다는 사실을 알아야 합니다. 독학하듯 새로 공부하는 학생은 80점 받을 공부를 하지만, 제때 복습을 한 학생은 80점 받을 공부는 2~3일이면 끝나고 나머지 기간 동안 20점 더 받을 공부를 하기 때문에 성적이 차이나는 것입니다.

우리가 기억을 잘하려면 망각곡선 이론에 따라 잊어버릴 때마다 반복하는 것이 유일한 방법인데, 3단계 학습법을 활용하게 되면 자연스럽게 기억률을 100%로 유지할 수 있습니다.

우선 수업이 끝난 후에 망각이 시작될 때 전 시간 수업내용을 복습해서 1차로 망각을 막고, 학교 수업이 모두 끝난 후에 다시 망각이 시작될 때 하루 동안 배운 내용을 복습해서 2차로 망각을 막고, 일주일 수업이 진행된 다음 또 망각이 일어날 때 주말을 활용해 5일 동안 배운 내용을 복습해서 3차로 망각을 막고, 시험기간이 다가올 동안 잊어버렸던 내용은 시험공부를 하면서 4차로 망각을 막고, 시험 전날까지 잊어버렸던 내용은 다음날 시험공부를 하면서 5차로 망각을 막기 때문에 완벽한 기억 상태로 시험을 치러서 만점을 기대할 수 있습니다.

매년 수능이 끝나면 수능 만점자나 명문대 수석 합격자를 대상으로 언론이나 방송에서 인터뷰를 하는데, 그 내용이 매번 비슷합니다.

"저는 학원, 과외 도움을 받지 않고 학교 수업에 충실하면서 교과서를 중심으로 예습과 복습을 철저히 했습니다. 잠은 하루에 6시간 이상 충분히 자고 주말에는 봉사활동과 취미활동을 꾸준히 했습니다."

이런 말을 들으면 거짓이라고 생각하는 친구도 있겠지만 모두 사실입니다. 왜냐하면 공부를 잘하는 친구들은 실제로 예습-수업-복습으로 3단계 학습법을 철저히 활용해서 짧은 시간 동안 효과적으로 기억하는 방법을 알고 있기 때문입니다.

자연적 학습기술은 공부뿐만 아니라 운동과 악기 등에도 적용되며, 나중에 커서 대학생이 되거나 직업을 갖게 되면 일을 하면서도 활용할 수 있습니다. 운동선수들을 보면 잘해서 좋은 대우를 받는 사람도 있고 그렇지 못한 사람도 있습니다. 물론 선천적인 능력과 여러 가지 환경 요인이 영향을 주겠지만 누가 조금 더 과학적이고 체계적인 자연적 학습기술을 활용했느냐가 큰 영향을 미칩니다.

지금부터 공부를 할 때 예습-수업-복습으로 이어지는 3단계 학습법으로 5회 이상의 누적복습을 실천하기 바랍니다. 자연스럽게 자연적 학습기술을 활용하는 연습이 될 것입니다. 이런 연습과 훈련을 꾸준히 하면 나중에 커서 꿈과 목표를 이루는 데 많은 도움이 될 거라 믿습니다.

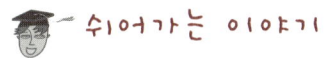 쉬어가는 이야기

자기주도학습의 공교육 성공 사례

얼마 전 SBS 스페셜에서 '아키타 산골학교의 기적'이라는 프로그램을 보았는데, 자기주도학습을 통해 우리의 교육이 나아갈 방향을 제시해주는 것 같아서 많은 생각이 들었습니다. 그 사례를 다시 한 번 살펴보려고 합니다.

방송에서 소개된 아키타 현의 히가시 나루세 촌은 일본 동북부 혼슈 지방에 위치한 작은 시골 마을인데 우리나라에 비유하자면 강원도 산골 마을 정도라고 보면 됩니다. 젊은이들이 도시로 떠나버리고, 가난하고 불행한 삶을 살고 있다고 생각했던 외진 시골에서 모두를 놀라게 한 사건이 생겼습니다.

일본은 2007년에 전국의 공립학교 초등학생과 중학생을 대상으로 전국학력평가를 실시했습니다. 과거 43년 전의 학력평가 시험에서 아키타 현은 꼴찌에 가까운 43번째였습니다. 그런데 평가 결과 아키타 현의 초등학교가 전국에서 1위를 차지한 것입니다. 이 놀라운 결과가 우연이 아니라는 것은 2008년에도 2년 연속 전국 1위를 기록함으로써 증명되었습니다. 그 비밀은 주인공인 히가시 나루세 초등학교 4학년 사사키 카나의 모습을 통해 알 수 있었습니다.

카나가 다니는 히가시 나루세 초등학교는 보통 학교와는 다른 특별한 점들이 몇 가지 있습니다. 우선 '자율공책'으로 자기주도학습을 합니다. 수업이 시작되기 전에 학생들이 숙제를 한 '자율공책'을 제출합니다. 특이한 점은 학생들마다 숙제 내용이 다르다는 겁니다. 각자 자신에게 필요한 부분을 자유롭게 학습한 내용을 적거나 일기를 쓰는 학생도 있습니다. 1학년 때부터 쓰기 시작해서 학년이 올라가며 칸이 작아지는데, 자연스럽게 학습량을 늘리고 자기주도학습 습관을 들일 수 있는 효과가 있습니다.

두 번째는 수업을 할 때 2명의 선생님이 참여합니다. 한 분은 칠판 앞에서 수업을 하고 다른 한 분은 학생들 속에서 수업을 도와줍니다. 수업을 잘 따라가는 학생들은 칭찬과 격려로 집중력을 유지할 수 있게 해주고, 수업을 제대로 따라가지 못하는 학생들은 뒤처지지 않도록 옆에서 도와줍니다. 이렇게 되면 학생 모두가 고르게 학업 성취도를 높일 수 있습니다.

세 번째는 교장선생님이 직접 학생들의 보충수업을 도와줍니다. 학생들은 언제든 교장실을 찾아가서 자유롭게 공부할 수 있고 질문을 하면서 보충학습을 할 수 있습니다. 학생들은 교장 선생님의 지도를 받으며 초시계로 문제를 풀면서 자기주도학습을 하게 됩니다.

이와는 대조적으로 대도시인 도쿄의 보통 초등학교에는 2002년부터 학생들의 학업 부담을 줄이고 창의력을 높이기 위해 공교육에 도입된 유토리 교육餘裕敎育, 여유교육 때문에 숙제가 줄어들었는데도 숙제를 다 해오는 학생이 드뭅니다. 그리고 사립중학교 진학을 위해 많은 학생들이 전문학원에서 선행학습을 하기 때문에 수업에 흥미를 느끼지 못하고 집중력도 떨어집니다.

학교를 마치고 집에 돌아오자마자 게임기를 붙잡고 스트레스를 푸는 것도 잠깐이고, 다시 사교육을 받으러 학원에 가면서 스트레스가 가중됩니다. 이렇게 악순환이 거듭되면서 학교와 가정에서 모두 즐거움을 느끼지 못하는 학생이 많습니다. 이런 모습은 우리나라 대도시의 학생들과 비슷합니다.

카나의 일상생활을 자세히 들여다보면 자기주도학습 능력이 뛰어난 이유를 좀 더 구체적으로 알 수 있습니다. 카나의 일과는 이른 새벽인 6시에 시작되는데, 일어나자마자 세수를 하고 초시계를 맞춘 후에 시험을 보듯이 산수 문제를 풉니다. 그리고 엄마를 도와서 아침식사 준비를 하고, 모든 가족이 함께 아침식사를 하며, 부모님이 모두 출근을 한 다음 마지막으로 카나가 학교를 향해 집을 나섭니다.

학교에서 수업을 마친 후에는 지역에서 운영하는 아동관으로 가는데, 맞벌이 가정의 아이들을 위해 운영하는 곳입니다. 아동관의 친구들과 신나게 놀기도 하고, 자율적으로 공부도 하다가 집에 돌아옵니다. 이렇게 방과 후에 혼자서 공부를 하면서 배운 내용을 확실히 복습하는데, 아키타 현 학생들의 복습률은 전국 평균과 비교해 36%나 높았습니다. 교육 전문가들은 특히 월등한 복습률에 주목합니다.

저녁이 다 되어서 집에 오면 엄마를 대신해 밥을 안쳐놓고 숙제를 합니다. 부모님이 퇴근하면 함께 저녁식사를 하고 일찍 잠자리에 듭니다. 이렇게 자신의 생활을 계획적으로 관리하고 자기주도적으로 공부하는 습관을 통해 스스로 문제해결을 할 수 있는 능력을 갖게 됩니다. 이런 좋은 공부 습관으로 학력 평가 시에 단순지시형의 A형 타입의 문제보다 판단력과 사고력, 문제해결력을 묻는 B형 타입의 문제에서 다른 지역보다 높은 점수를 얻게 되었습니다.

학교와 가정에서 뿐만 아니라 지역사회의 역할도 큽니다. 마을 주민들은 학교의 교육 방식을 믿고 학생들이 학업에 전념할 수 있도록 자원봉사 등으로 전폭적인 지원을 합니다. 이렇게 학교가 중심이 되어서 마을주민, 행정기관, 학부모가 한마음 한뜻으로 좋은 교육 환경을 만들기 위해 노력하고 있습니다.

이런 교육 환경에서 자라서인지 아키타 현의 아이들은 길을 걷다가도 마을 어른들이 타고 있을 거라고 생각하는 자동차가 지나가면 깍듯이 인사를 합니다. 그리고 온 가족이 다 함께 모여서 식사를 하면서 소통의 중요성에 대해 배웁니다. 단순한 공부보다 주변 사람들과 함께 한 기억을 통해서 더불어 살아가는 삶에 대한 교육을 받게 됩니다.

이런 교육을 통해서 '자립과 공존의 능력'이 모두 좋아지면서 아이들의 잠재능력도 그만큼 성장하는 것입니다. 다른 사람에게 의존하지 않고 자기주도적인 아이로 성장하고 있는 카나의 모습에서 엄마의 자녀교육에 대한 철학이 얼마나 중요한지 다시 한 번 느끼게 됩니다.

"무엇이 되느냐 보다 어떤 사람이 되느냐에 더 높은 가치를 둡니다."
-카나 엄마

CHAPTER 02

완전학습을 위한 1년 학습 계획 세우기

- 꿈과 목표 세우기
- 방학학습법
- 숲을 보고 난 후에 나무를 보자
- 학습 계획 체크 리스트
- **활동시트** 계획 세우기

꿈과 목표를 세우고 난 후에 글로 쓰거나 그림으로 그려서 잘 보이는 곳에 붙여두고 자주 보면 꿈과 목표가 현실이 될 겁니다.

완전학습을 완성하려면 우선 인생 전체를 생각하면서 미래의 모습을 구체적으로 그려야 합니다. 사명과 비전, 꿈과 목표를 정하고 난 후에 목표를 중심으로 1년 학습 계획을 세웁니다. 이때 꿈은 작은 것에서부터 큰 것까지 자신이 바라는 모든 것을 포함합니다.

먹고 싶은 음식, 갖고 싶은 물건, 가보고 싶은 장소, 만나고 싶은 사람, 해보고 싶은 일 등 어떤 것이든 꿈이 될 수 있습니다. 꿈을 이루려면 표현을 많이 해야 합니다. 글로 적기, 사진으로 보기, 소리로 말하기, 장소에 가보기, 동영상 보기 등 꿈을 현실로 만드는 다양한 방법을 적극적으로 활용하는 것이 좋습니다.

목표는 'SMART'하게 세우는 것이 좋습니다. 첫째, Specific, 목표는 구체적이고 명확해야 합니다. 둘째, Measurable, 목표는 측정이 가능하도록 수치화하는 것이 좋습니다. 셋째, Action oriented, 목표는 충분히 실천이 가능해야 합니다. 넷째, Realistic, 목표는 현실에서 일어날 수 있는 것이어야 합니다. 다섯째, Timely, 목표는 언제까지 달성하겠다는 시간이 정해져 있어야 합니다.

이렇게 꿈과 목표를 세우고 난 후에 글로 쓰거나 그림으로 그려서 잘 보이는 곳에 붙여두고 자주 보면 꿈과 목표가 현실이 될 겁니다.

꿈과 목표가 세워졌다면 지금부터 구체적인 학습 계획을 세워야 합니다. 학습 계획은 1년 단위로 세우며 겨울방학, 1학기, 여름방학, 2학기 등 크게 4가지로 나눕니다. 1학기와 2학기는 다시 평시 학습3월, 5월, 9월, 11월과 시험 학습4월, 6월, 10월, 12월으로 나눌 수 있습니다. 만약 주기적으로 시험을 보지 않는다면 학교의 상황에 따라 평시 학습의 기간이 늘어나고 시험 학습의 시기가 줄어들 수 있습니다.

방학학습법

방학 때 심화학습을 해두면 자연스럽게 그것이 가장 효과적인 선행학습이 되는 것입니다. 선행학습도 제대로 알고 하느냐 모르고 하느냐에 따라서 큰 효과의 차이가 난다는 사실을 알아야 합니다.

　완전학습을 위한 1년 학습 계획은 겨울방학부터 시작됩니다. 보통 방학 때는 다음 학기 때 배우는 새로운 내용으로 선행학습을 하는 경우가 많은데, 학생의 수준보다 어려운 내용을 배우기 때문에 힘들어하고, 기억의 원리에 따라 잊어버리게 되며, 뇌의 특성 때문에 수업에 집중하지 않게 되는 등 부작용이 있으므로 주의해야 합니다. 따라서 방학 때는 부족한 부분을 보충하는 데 중점을 둬야 합니다. 전 학기에서 배운 내용 중에서 부족한 부분이 있는 과목이 무엇인지 파악한 후에 집중적으로 보완합니다.

학생들이 배우는 교과 내용은 대부분 학년이 올라갈수록 전 학년에서 배웠던 내용이 주제는 같고 내용만 심화되는 경우가 많습니다. 특히 사회와 과학이 대표적인 과목입니다. 따라서 방학 때 심화학습을 해두면 자연스럽게 그것이 가장 효과적인 선행학습이 되는 것입니다. 선행학습도 제대로 알고 하느냐 모르고 하느냐에 따라서 큰 효과의 차이가 난다는 사실을 알아야 합니다.

겨울 방학의 3분의 2 정도는 전 학년에 배웠던 내용 중에 부족한 부분을 보충하는 데 활용하고, 나머지 3분의 1은 다음 학년에 배울 내용을 예습하는 데 써야 합니다. 방학 중 예습은 1, 2학기 교과서를 미리 구해서 소설책이나 동화책을 읽듯이 가볍게 읽으면 됩니다. 개학 후에 수업 시간에 배울 내용에 대한 관심과 흥미를 불러일으킬 정도만 보면 충분합니다. 여름 방학도 마찬가지로 3분의 2는 1학기 때 부족한 부분을 보충하는 데 쓰고, 나머지 3분의 1은 2학기 때 배울 내용을 예습하는 데 활용하면 됩니다.

하지만 초3~4, 초6~중1, 중3~고1, 고2~3 겨울방학은 좀 더 깊이 있게 공부해야 합니다. 왜냐하면 갑자기 학습량이 많아지고 난이도가 높아지는 중요한 시기이기 때문입니다. 특히 중3 겨울방학부터 고2 겨울방학까지는 조금 더 속도를 내야만 고3

때 총정리를 할 수 있는 여유가 생깁니다. 성적 역전의 기회는 이 시기를 어떻게 보내느냐에 따라 달렸다는 것을 명심해야 합니다.

숲을 보고 난 후에 나무를 보자

공부라는 대상을 위에서 아래로 내려다보려면 전체를 보고 하나씩 구체화하는 과정이 필요합니다.

공부를 잘하는 학생과 못하는 학생은 공부를 하기 위해 책상에 앉을 때부터 큰 차이를 보입니다. 책상에 앉자마자 곧바로 책을 펴서 공부를 시작하면 공부를 잘하는 학생이고 책상에 앉아서 이런 저런 고민을 하면 공부를 못하는 학생입니다.

책상에 앉아서 하는 대표적인 고민은 이런 것들입니다. 무슨 과목을 공부할까? 국어를 할까, 영어를 할까, 수학을 할까를 생각하다 보면 5분 정도 시간이 흐릅니다. 과목을 정하고 난 후에는 다시 고민이 시작됩니다. 어떤 책으로 공부할까? 교과서를 볼까, 참고서를 볼까, 문제집을 풀까, 프린트 물을 볼까를 생각하면서 5분 정도 시간이 더 흐릅니다.

책을 정하고 난 후에는 또 다른 고민이 시작됩니다. 어떤 방법으로 공부할까? 눈으로만 볼까, 입으로 말할까, 쓰면서 공부할까를 생각하다 보면 시간이 또 훌쩍 지나갑니다. 그러다가 옆에 있는 공부 잘하는 친구를 보다가 그 친구가 보고 있는 책을 확인하고는 내가 정한 대로 할까, 친구를 따라서 할까를 고민하다가 결국에는 공부 잘하는 친구가 보는 책을 펴서 공부하기 시작합니다. 이런 식으로 10분 이상 허비하는 경우가 많습니다.

이런 불필요한 고민을 하지 않으려면 명확한 꿈과 목표를 바탕으로 구체적인 계획이 세워져 있어야 합니다. 꿈을 기준으로 장기 목표와 중기 목표, 단기 목표가 정해지고, 이를 바탕으로 1년 계획과 1학기와 2학기를 나눈 학기 계획, 1학기 중간/기말, 2학기 중간/기말로 나눈 분기 계획, 월 계획, 주 계획, 일 계획이 정해집니다. 이런 과정을 통해 지금 이 시간에 무얼 해야 할지를 바로 알 수 있는 것입니다. 이것은 나무를 보기 전에 숲을 먼저 보는 것과 같습니다. 공부라는 대상을 위에서 아래로 내려다보려면 전체를 보고 하나씩 구체화하는 과정이 필요합니다.

공부로 성공한 사람들은 꿈과 목표를 중심으로 학습 계획을 완벽히 세웠다는 공통점이 있습니다. 시간 계산을 치밀하게 하기 때문에 자투리 시간이나 갑자기 주어지는 시간도 효과적으로 활용합니다. 하루를 구분하는 기준으로 밤과 낮, 오전/오후/저녁, 24시간, 1,440분, 86,400초 등이 있습니다. 성공한 사람들은 시간을 분이나 초 단위로 계산해서 활용합니다. 1분, 1초 단위로 공부할 정도가 되었을 때 진정한 우등생으로 거듭날 수 있을 겁니다.

학습 계획 체크 리스트

성공학에 '생각한 대로 일어나고 쓴 대로 이루어진다'라는 불문율이 있습니다. 다시 한 번 말하지만, 계획을 세웠으면 표로 만들어서 눈에 잘 띄는 곳에 붙여두고 자주 보는 것이 중요합니다.

꿈과 목표에 따라 학습 계획은 연간, 학기, 월 순서로 세워야 합니다. 그리고 학습 계획만 세우는 것은 학생에게 스트레스가 될 수 있기 때문에 학습, 독서, 생활 습관의 계획을 각각 세우는 것이 좋습니다. 학습 계획은 과목별로 구체적으로 세워야 합니다. 학습 계획을 세울 때 목록을 만들어 옆에 두고 확인을 하면 많은 도움이 됩니다.

①내일 할 일은 오늘 저녁에 계획해야 합니다.
　전날 계획을 세우면 잠재의식의 작용으로 밤새 다음날 할 일

을 되새길 수 있어서 실천력을 높일 수 있습니다.
②현재 나의 학습 상태와 실력을 파악해야 합니다.
현재 위치를 알아야 자신에게 맞는 계획을 세울 수 있습니다.
③자신의 일과표를 정확히 파악해야 합니다.
고정적으로 해야 하는 모든 일과 공부를 일정표에 적어두어야 어떤 상황에서든 해야 할 일을 순차적으로 할 수 있습니다.
④한 번에 공부할 수 있는 학습량을 파악해야 합니다.
오랫동안 많은 양을 하기보다는 실제로 할 수 있는 공부 양을 정해서 매일 규칙적으로 하는 것이 좋습니다.
⑤취약 부분을 파악해서 우선순위를 정해야 합니다.
공부를 할 때 항상 앞에서부터 할 필요는 없습니다. 자신이 가장 약한 부분부터 하거나 기초가 필요한 부분부터 공부합니다.
⑥학습에 필요한 시간을 예상하고 한계를 정해야 합니다.
그래야 공부의 능률을 높일 수 있고 다음 공부를 언제부터 할지 미리 예측할 수 있습니다.
⑦공부와 공부 사이의 시간을 여유 있게 두어야 합니다.
시간에 쫓기게 되면 쉽게 지치고, 시간 초과가 자주 발생할 경우에는 자신의 능력에 의문이 생기게 되어 좋지 않습니다.
⑧계획표는 주간 단위로 만들어야 합니다.
월요일부터 금요일까지 계획대로 실천을 하고 토요일이나 일요일은 부족한 부분을 마무리하는 것으로 짜는 것이 좋습

니다.
⑨적절한 보상을 해주어야 합니다.
계획을 달성하고 난 후에 하고 싶은 일을 계획표에 적어두고 계획이 90% 이상 달성되면 스스로에게 보상을 해줍니다.
⑩하루 동안 공부한 것을 자기 전에 꼭 점검하고 확인해야 합니다.
자신이 하루 동안 어떤 과목을 어느 정도 했는지 파악하면서 학습의 속도와 방향을 잡아가며 정리해야 합니다.

성공학에 '생각한 대로 일어나고 쓴 대로 이루어진다'라는 불문율이 있습니다. 다시 한 번 말하지만, 계획을 세웠으면 표로 만들어서 눈에 잘 띄는 곳에 붙여두고 자주 보는 것이 중요합니다. 시각적으로 눈에 잘 들어와야 기록하기가 쉽고 목표달성의 확률도 높일 수가 있습니다. 무엇보다도 긍정적으로 하루를 시작하고 공부하고 끝마치는 것이 중요합니다.

공부를 할 때 가장 중요한 것은 계획을 세우는 것입니다. 하지만 계획표를 만들기만 하고 작심삼일로 끝나는 경우가 많은데, 그 이유는 계획을 세우는 방법을 정확히 알지 못해서입니다.

지킬 수 있는 계획을 세우기 위해서는 우선 자신이 시간을 어떻게 사용하고 있는지 시간사용 내역을 기록해보아야 합니다. 자신이 사용 가능한 시간이 어느 정도인지, 시간을 어떻게 보내고 있는지를 먼저 알아야 실천 가능성이 높기 때문입니다.

보통 학기 중에는 아침에 일어나서 학교생활을 하기 때문에 혼자 공부하거나 다른 활동을 할 수 있는 시간은 방과 후일 겁니다. 따라서 시간사용 내역은 방과 후 잠들기 전까지 시간을 어떻게 사용하고 있는지 기록해보면 됩니다. 주말이나 방학 중에는 아침에 눈을 떠서 저녁에 잠들기 전까지의 모든 일을 기록합니다.

이때 시간사용 내역 기록은 하루만 하는 것이 아니라 최소 일주일간 꾸준히 해야 하루하루를 어떻게 보내고 있는지 정확히 알 수 있게 됩니다.

1단계 방과 후 시간사용 내역 기록하기

　　　　　　의 하루 시간사용 내역

　　　　년　　　월　　　일

시간	내용	시간	내용
오후 3:00	집 도착	오후 8:00	저녁
	휴식/TV/컴퓨터/간식		학원 숙제
오후 4:00	학원 갈 준비/학원 GO~!	오후 9:00	TV
오후 5:00	학원	오후 10:00	문제집
			학교 숙제
오후 6:00		오후 11:00	
오후 7:00	집으로	새벽 12:00	취침
	집 도착, 씻기/휴식		

〈연습해보기〉

의 하루 시간사용 내역			
년 월 일			
시간	내용	시간	내용
오후 3:00		오후 8:00	
오후 4:00		오후 9:00	
오후 5:00		오후 10:00	
오후 6:00		오후 11:00	
오후 7:00		새벽 12:00	

일주일 이상 시간사용 내역을 기록한 후 그 내용을 바탕으로 이제 시간과 할 일 위주의 간단한 계획표를 작성해봅니다. 처음부터 복잡한 계획표를 작성하게 되면 어렵고 귀찮게 생각되어 금방 포기하게 되므로 계획을 세우고 실천하는 것이 익숙해질 때까지는 최대한 간단하게 계획을 세웁니다.

계획 세우기가 익숙해지면 할 일 목록들을 조금씩 세분화해서 목록의 개수를 늘려나갑니다. 만약 계획을 세우고 실천하다 실천하기가 잘 안 되면 억지로 계획을 밀어붙이지 말고 이때는 시간사용 내역 기록하기를 다시 하고 나서 계획을 세우는 것이 좋습니다.

보통 3~7주 정도 계획 세우기와 실천하기를 꾸준히 하면 익숙해질 겁니다. 일일계획 세우기가 익숙해지면 이제 주간 계획을 세워봅니다.

2단계 시간과 할 일 목록 위주 계획표 작성하기

년 월 일 요일 계획표	
시 간	계 획
15:00~16:00	집에 도착/휴식
16:00~18:00	학교 숙제/국어, 과학 교과서 복습
18:00~19:10	저녁/휴식(컴퓨터)
19:10~20:40	수학 학원
20:40~21:10	휴식(씻고 간식)
21:10~22:30	학원 숙제/암기카드 외우기/한자 학습지
22:30~	꿈나라

〈연습해보기〉

년 월 일 요일 계획표	
시 간	계 획

주간 계획표를 작성할 때 주의할 점은 일어나는 시간, 학교생활, 학원 등 이미 정해진 시간을 먼저 기록하는 것입니다. 평일에는 학교생활 및 학원 등 이미 정해진 시간이 50% 이상일 겁니다. 따라서 이미 정해진 시간을 먼저 작성하게 되면 굉장히 쉽고 편하게 주간 계획표를 만들 수 있게 됩니다.

주간 계획표를 작성할 때는 매일매일 완전히 다른 내용으로 구성하는 것보다는 최소 2~3일 간격으로 같은 시간대에 비슷한 내용으로 계획을 세우는 것이 좋습니다. 그래야 좋은 생활리듬을 유지할 수 있기 때문입니다.

그리고 주말에는 적은 시간이라도 국·영·수·사·과 등의 중요 과목들을 위주로 복습 시간을 포함하는 것이 좋습니다. 주중에 복습하는 습관만 잘 들여도 시험기간에 들이는 시간과 노력이 줄어들게 됩니다.

3단계(1) 주간 계획표 작성하기

주간 계획표

구분	월	화	수	목	금	토 (놀토)	일
07:00	일어나기/씻기/아침식사/학교가기						
08:00	학교 수업						
09:00							
10:00						일어나기 (간단한 아침)	
11:00						운동	
12:00						점심식사	점심식사/ 휴식
13:00							
14:00						컴퓨터	
15:00	집으로/휴식					학교수업 주간복습	컴퓨터
16:00	학교 숙제						과목별 문제집
17:00	책읽기						
18:00	저녁식사/휴식					저녁식사 TV	
19:00	수학학원	수영	수학학원	수영	수학학원	컴퓨터	저녁식사/ TV
20:00	학원 숙제	학교수업 복습	학원 숙제	학교수업 복습	학원 숙제	학습지	
21:00							주간 계획
22:00	숙제 확인/가방 챙기기/일기 쓰기					컴퓨터	숙제 확인
23:00	꿈나라						

오리엔테이션 57

〈연습해보기〉

주간 계획표

구분	월	화	수	목	금	토 (놀토)	일
07:00							
08:00							
09:00							
10:00							
11:00							
12:00							
13:00							
14:00							
15:00							
16:00							
17:00							
18:00							
19:00							
20:00							
21:00							
22:00							
23:00							

시간사용 내역, 일일 계획, 주간 계획 세우기를 통해 계획을 세우고 실천하는 방법을 몸에 익혔다면 이제 좀 더 세부적인 일일 계획을 작성해봅니다.

먼저, 할 일 목록을 작성해서 우선적으로 해야 될 일들을 정리합니다. 그리고 해야 할 일들은 언제 할 것인지 계획표에 기록합니다. 특히 학습내용과 학습량을 정확히 기록해주는 것이 좋습니다. 학습내용은 교과서와 프린트를 볼 것인지, 학습지나 문제집을 볼 것인지 등을 정하는 것입니다. 학습량은 교과서 ○○~○○쪽 혹은 문제집 ○~○쪽, 영어단어 20개, 수학문제 10개 등 얼마큼 공부할 것인지 그 양을 정확하게 정해야 실천 정도를 살펴볼 수 있습니다.

끝으로 하루 일과를 마치고 다음날의 계획을 세우기 전에 오늘의 계획표를 살펴보고 실천했는지 못 했는지, 실천했다면 얼마큼 했는지, 못했다면 왜 못 했는지를 점검해보아야 합니다.

3단계(2) 할 일 목록과 세부 계획 세우고 계획표 점검하기

	년 월 일 요일 계획표	
오늘 할 일	①영단어 5개 외우기 ④수업시간 집중하기 ②수학문제 3개 풀기 ⑤암기카드 10개 외우기 ③교과서 복습 ⑥학원 숙제	
시 간	계 획	결과
7:20~8:20	일어나기/학교가기	O
8:20~8:50	아침자습	△
8:50~14:20	〈학교수업〉 −수업시간에 집중 −수학문제 3개 풀기	△
14:20~16:00	집으로(놀이터 잠깐~ ^^)	O
16:00~18:00	학교 숙제 교과서 복습(사−21~26쪽, 수−31~34쪽)	O
18:00~19:10	저녁/휴식/TV	O
19:10~20:40	학원	O
20:40~21:10	휴식(씻고 간식)/영어단어 5개 암기	△
21:10~22:30	학원 숙제/암기카드 10개 외우기	O
22:30~	일일 점검/꿈나라	O

〈연습해보기〉

년   월   일   요일 계획표

오늘 할 일
① 　　　　　　　　　 ④
② 　　　　　　　　　 ⑤
③ 　　　　　　　　　 ⑥

시 간	계 획	결과

완전학습을 위한 실전자세

만점자세는 공부하기 위해
책상에 앉을 때마다 활용하면 좋습니다.
상체를 바로 하고, 호흡을 조절한 후에
눈을 부릅떠서 만점자세를 완성하는 데는
2분이면 충분합니다.

CHAPTER 03

수업 전 몸 풀기

CHAPTER 04

수업 중 집중하기

CHAPTER 05

수업 후 누적복습하기

CHAPTER 03

수업 전 몸풀기

- 만점자세 : 수업 전
- 예습하기 : 수업 전
- 에피소드 기억 활용하기 : 오감 활용법

만점자세는 공부하기 위해 책상에 앉을 때마다 활용하면 좋습니다. 상체를 바로 하고, 호흡을 조절한 후에 눈을 부릅떠서 만점자세를 완성하는 데는 2분이면 충분합니다.

공부를 할 때 삐딱하게 앉아서 하거나, 엎드리거나 누워서 하는 친구들이 많습니다. 지금이야 공부하는 시간이 길지 않으니까 괜찮다고 생각할 수 있지만 앞으로 오랜 시간 동안 공부를 할 때는 바르지 못한 자세로는 몸에 쉽게 무리가 와서 아플 수도 있습니다. 운동을 하기 전에 몸 풀기가 중요하듯이 공부를 하기 전에도 원하는 만큼 공부를 하기 위한 몸 상태를 만들어야 합니다. 그중에서도 자세가 중요한데 집중력을 높이기 위한 '만점자세'가 도움이 됩니다. 만점자세는 상체, 호흡, 눈의 3가지를 바로 하면 됩니다.

태권도를 할 때 발차기와 정권 지르기 동작을 보면 그 사람이 어느 정도의 실력인지 알 수 있듯이 공부할 때 역시 자세를 보면 공부를 잘하는지 못 하는지 알 수 있습니다. 공부할 때 바른 자세는 '만점자세'로 정리되는데, 우선 상체를 바로 세워야 합니다. 의자에 앉은 상태에서 엉덩이와 허리를 등받이 쪽으로 바짝 갖다 붙이면 상체가 바로 섭니다. 배와 책상 사이의 간격은 주먹 하나가 들어갈 정도의 간격, 너무 가깝지도 멀지도 않은 10~15cm 거리를 둡니다.

   상체를 바로 하고 난 후에는 호흡을 조절합니다. 운동을 하거나 신나게 놀다가 수업 시작 종소리에 맞춰서 교실에 뛰어들어온 경험이 있을 겁니다. 이때 숨을 헐떡이게 되는데 호흡이 불규칙하면 집중하기가 어렵습니다. 그리고 우리가 뭔가에 집중했을 때의 몸 상태를 관찰해보면 숨소리가 거의 들리지 않을 정도로 호흡이 안정되어 있다는 것을 알 수 있습니다. 즉 집중력은 호흡과 밀접한 관련이 있습니다.

   호흡을 조절하는 데 가장 좋은 방법은 단전호흡이지만 단전호흡은 따로 방법을 오랫동안 배워야 할 정도로 쉽지 않습니다. 단전호흡까지는 아니더라고 약간만 호흡을 조절해도 몸과 마음의 상태가 달라집니다.

   먼저 3초간 코로 깊게 숨을 들이마십니다. 2초간 숨을 멈추고 10~15초 동안 입으로 천천히 숨을 내뱉습니다. 이런 방식으로 6번 정도를 하면 호흡을 조절할 수 있습니다.

호흡까지 조절했으면 이제 책을 봐야 합니다. 그런데 보통 책을 보라고 하면 썩은 동태눈처럼 힘이 없이 흐리멍덩한 눈으로 보는 경우가 많습니다. 집중력을 높이려면 눈에서 레이저가 나가는 느낌으로 눈에 힘을 주고 책에 있는 글자들을 빨아들일 듯이 책을 봐야 합니다. 그러면 글자가 눈을 통해 머리에 하나씩 새겨지게 될 것입니다.

만점자세는 공부하기 위해 책상에 앉을 때마다 활용하면 좋습니다. 상체를 바로 하고, 호흡을 조절한 후에 눈을 부릅떠서 만점자세를 완성하는 데는 2분이면 충분합니다. 공부하는 중간에 집중력이 떨어질 때도 활용하면 좋으며, 특히 초반 집중력이 약한 사람은 만점자세를 적극 활용하기 바랍니다.

예습하기
수업전

예습은 '수업에 대한 관심과 흥미를 불러일으킬 정도로 가볍게 훑어보는 것'입니다. 따라서 전 과목을 다 보더라도 10분 정도면 충분할 정도로 많은 시간이 걸리지 않습니다.

예습과 수업, 복습 중에서 하나밖에 할 시간이 없으면 어떤 것을 해야 할까요? 보통 복습이라고 얘기하는 친구가 많은데 수업을 빼고 복습부터 하겠다는 것은 독학하는 것과 마찬가지입니다. 3가지 중에 먼저 해야 할 것은 수업입니다. 그다음에 해야 할 것이 복습이고, 마지막으로 예습을 해야 합니다. 그런데 이런 일반적인 생각과는 달리 사실 예습이 가장 중요합니다. 왜냐하면 예습을 하면 수업이 달라지고, 수업이 달라지면 복습이 달라지기 때문입니다. 복습은 다시 예습으로 이어지기 때문에 예습-수업-복습 순서로 공부하는 것이 바람직합니다.

예습을 하라는 말은 많이 들었지만 예습이 무엇이고, 얼마나 중요하며, 어떻게 하는지에 대한 방법을 배운 적은 없을 겁니다. 그래서 맨땅에 헤딩하는 식으로 예습을 하는데, 대부분 독학하는 것과 비슷하게 열심히 공부합니다. 혼자서 공부하다 보니 어려운 내용이 많아서 시간도 오래 걸리고 하기 싫어집니다. 이렇게 예습에 대한 안 좋은 추억을 가진 친구들이 많을 겁니다.

예습은 '수업에 대한 관심과 흥미를 불러일으킬 정도로 가볍게 훑어보는 것'입니다. 따라서 전 과목을 다 보더라도 10분 정도면 충분할 정도로 많은 시간이 걸리지 않고, 소설책이나 동화책을 보듯이 훑어보면 되기 때문에 어렵지도 않습니다. 예습은 전날에 하는 것이 가장 좋지만 수업을 듣기 전에만 해도 됩니다.

예습에도 단계가 있습니다. 예습을 처음 시작하는 친구라면 하루 수업 시간표 중에서 가장 자신 있거나 쉽게 느껴지는 과목을 하나 정해서 그 과목만 예습을 해봅니다. 10분 정도의 여유가 있다면 어떤 내용을 배우는지 가볍게 훑어보면 되고, 시간이 짧다면 그림과 도표만 봐도 됩니다. 시간이 더 없다면 제목과 목차만 봐도 되고, 급하게 봐야 한다면 학습주제와 목표만 알아도 됩니다. 중요한 것은 이번 수업시간에 어떤 내용을 배우는지 알고 수업에 참여하는 것입니다. 예습의 역할은 그것으로 충분합니다.

이렇게 며칠 동안 한 과목의 예습을 해보면 수업시간에 배우는 내용을 효과적으로 이해할 수 있게 될 것입니다. 예습의 효과를 체험하면서 익숙해지면 2과목으로 늘려봅니다. 그리고 난 후에 조금씩 과목 수를 늘려나가면 전 과목 예습도 가능해질 겁니다. 예습을 잘하면 수업의 질을 높일 수 있고, 이것이 복습의 질을 결정하게 됩니다. 예습의 중요성을 항상 생각하면서 공부하는 사람이 바로 우등생입니다.

에피소드 기억 활용하기
오감 활용법

수업시간에 보기만 하기보다는 보면서 듣는 것이 좋고, 보면서 듣기보다는 보고 들으면서 쓰는 것까지 함께하면 기억의 확률을 높일 수 있습니다.

앞서 **에피소드 기억**에 대해 소개했는데, 시각, 청각, 촉각, 후각, 미각을 동반한 오감을 적극적으로 활용하면 에피소드 기억에 도움이 됩니다. 오감 중에서도 공부를 할 때는 시각과 청각, 촉각을 많이 활용하는데, 그 구체적인 방법에 대해 함께 알아보겠습니다.

우선 자신이 평소 공부를 할 때 어떤 감각을 많이 쓰는지 알아야 합니다. 선생님이 수업 중에 칠판에 쓴 것을 보거나 프린트한 자료, 교과서를 읽을 때 공부가 잘되는 친구는 시각적으로 공부하는 사람입니다. 선생님의 얘기를 듣거나 MP3로 들을 때 공부가 잘되는 친구는 청각적으로 공부하는 사람입니다. 수업 중에 필기를 잘하고, 쓰면서 공부하거나 실험, 토론활동을 할 때 공부가 잘되는 친구는 촉각적, 즉 운동감각을 발휘해 공부하는 사람입니다.

우리는 공부를 할 때 보통 이 세 가지 중에 한 가지를 좋아하는데, 공부를 잘하려면 여러 가지 감각을 같이 활용하는 것이 좋습니다. 왜냐하면 기억을 잘 하려면 확률을 높여야 하기 때문입니다. 예를 들어, 수업시간에 보기만 하기보다는 보면서 듣는 것이 좋고, 보면서 듣기보다는 보고 들으면서 쓰는 것까지 함께 하면 기억의 확률을 높일 수 있습니다.

특히 수업 중에 필기가 중요한데, 필기를 하지 않으면 나중에 어떤 내용을 배웠는지 기억나지 않는 경우가 많습니다. 왜냐하면 필기를 하는 자체가 에피소드를 형성하는 데 큰 도움이 되기 때문입니다. 그리고 발을 제2의 심장이라고 하고, 손을 제2의 뇌라고 부르기 때문에 필기를 하면 손이 보조기억 장치 역할을 하게 되므로, 나중에 복습을 할 때 수업내용을 쉽게 기억해낼 수 있습니다.

이 밖에도 아로마 향을 활용하면 공부한 내용과 향기가 함께 우리 뇌에 기억되기 때문에 나중에 그 향을 맡으면 공부한 내용을 그림처럼 떠올릴 수 있습니다. 또한 소량의 초콜릿이나 사탕 등으로 미각을 자극하는 것도 뇌를 활성화해 기억력을 높일 수 있는 좋은 방법들입니다. 에피소드 기억을 위해 오감을 적극적으로 활용하기 바랍니다.

CHAPTER 04

수업 중 집중하기

- 구분하기 : 수업 중
- 복습하기 : 수업 중
- 에피소드 기억 활용하기 : 질문하기, 완전학습 노트

구분하기
수업 중

구분을 하지 않는 학생은 컴퓨터가 휴식에 들어가 있는 것처럼 뇌가 정지해 있고, 구분을 하는 학생은 컴퓨터의 하드웨어가 돌아가듯이 뇌가 활발히 움직이고 있습니다.

요즘은 학생들이 초등학교 때부터 학원과 과외, 학습지 등 사교육에 의존하다 보니 학교 수업을 소홀히 하는 경우가 많습니다. 그런데 학교 수업은 4가지 측면에서 중요합니다. 첫째, 하루 중 가장 많은 시간을 수업에 참여합니다. 둘째, 우리의 두뇌가 가장 활성화되는 시간이 수업에 참여하는 시간 **오전 8시~오후 4시**입니다. 셋째, 학교 수업은 진도를 많이 나가지 않기 때문에 복습하기 쉽습니다. 넷째, 내신 시험은 학교 선생님이 출제합니다.

만약에 어학 시험이나 한자 능력 시험의 출제 위원이 학교에 와서 직접 강의를 한다면 하나라도 놓치지 않기 위해서 눈에 불을 켜고 집중해서 들을 겁니다. 그런데 학교 시험의 출제위원인 선생님이 매일 직접 강의를 하는데도 수업에 집중하지 않는 친구들이 많습니다. 이런 학생들은 절대로 공부를 잘할 수 없습니다. 수업을 소홀히 하면서도 성적이 좋은 친구는 진정한 실력이 아니라고 생각하는 것이 좋습니다.

일반적으로 수업을 효과적으로 듣는 방법은 많습니다.
선생님의 눈을 계속 바라보면서 눈을 맞추기, 수업내용의 전달 방법보다는 내용 그 자체에 초점을 맞추기, 주의 산만하게 행동하지 않고 집중하기, 듣기를 정신적인 도전으로 생각하고 노력하기, 스스로 질문을 하면서 적극적으로 수업에 참여하기, 수업 시작 전에 좋은 자리 맡기, 지난 시간에 배웠던 내용을 떠올리면서 수업 준비하기, 수업을 들으면서 새롭고 흥미로우며 도전적인 내용 찾기, 중심 아이디어와 함께 관련 내용도 잘 듣기, 이해가 되지 않는 내용은 질문하기, 정리정돈이 잘 된 노트 만들기 등입니다.

수업을 들으면서 가장 중요한 일은 수업내용을 '구분'하는 것입니다. 선생님의 말을 듣고 글을 보면서 '내가 이해한 것과 이해하지 못한 것은 무엇인가?', '내가 암기해야 할 것과 암기하지 않아도 되는 것은 무엇인가?', '시험에 나올 만큼 중요한 내용과 중요하지 않은 내용은 무엇인가?', '필기를 해야 하는 내용과 하지 않아도 되는 내용은 무엇인가?', '선생님이 강조하는 내용과 강조하지 않는 내용은 무엇인가?' 등의 질문을 자신에게 하면서 수업내용을 내 것으로 만들기 위해 끊임없이 구분을 해야 합니다.

이것은 컴퓨터에 비유할 수 있는데, 수업에 참여하는 학생들의 모습이 겉으로 보기에는 비슷하지만 머릿속에서는 엄청난 차이가 납니다. 구분을 하지 않는 학생은 컴퓨터가 휴식에 들어가 있는 것처럼 뇌가 정지해 있고, 구분을 하는 학생은 컴퓨터의 하드웨어가 돌아가듯이 뇌가 활발히 움직이고 있습니다. 수업 중에 '구분'을 잘하는 것만으로도 두뇌 가동률을 높여서 수업내용을 효과적으로 소화할 수 있습니다.

복습하기
수업중

수업 중에 기본적인 중요사항을 복습하게 되면 수업 이후에 혼자 복습할 때는 기본적인 내용은 잠깐 확인만 하면 되고, 꼭 외워야 할 사항과 깊이 있는 이해가 필요한 내용에 집중할 수 있는 여유가 생깁니다.

학원과 과외를 통한 과도한 선행학습으로 학생들이 학교 수업에 집중하지 않아서 공교육이 무너지고 있다는 얘기를 들어봤을 겁니다. 학생과 선생님, 학부모 모두의 고민을 한 번에 해결하는 방법이 있다면 믿겠습니까?

예습을 하지 않은 학생에게 수업은 뭔가를 처음으로 보거나 듣는 시간입니다. 그런데 예습을 한 학생은 수업이 '복습'하는 시간입니다. 왜냐하면 예습한 내용을 2번째로 보는 시간이기 때문입니다. 수업을 '복습'하는 시간이라고 생각하면 수업시간에 딴생각을 하거나 졸거나 장난치거나 다른 공부를 할 여유가 없습니다. 왜냐하면 수업시간에 기본적으로 중요한 80%의 내용을 모두 소화해야 하기 때문입니다.

공부를 정말 잘하는 학생은 수업시간에 옆에 있는 친구가 말을 걸거나 장난을 치면 화를 냅니다. 수업에 집중하지 않으면 나중에 더 많은 시간을 힘들게 공부해야 한다는 것을 알기 때문입니다.

수업을 어떻게 생각하느냐가 바로 우등생의 기준입니다. 보통 수업이 끝난 후에 복습을 하면서 기본적인 내용부터 다시 공부하는 경우가 많습니다. 그런데 수업 중에 기본적인 중요사항을 복습하게 되면 수업 이후에 혼자 복습할 때는 기본적인 내용은 잠깐 확인만 하면 되고, 꼭 외워야 할 사항과 깊이 있는 이해가 필요한 내용에 집중할 수 있는 여유가 생깁니다.

수업이 끝나고 쉬는 시간이 되면 마치 기절하듯이 책상에 엎드려 휴식을 취하는 학생이 있습니다. 수업시간에 복습을 하느라 너무 많은 에너지를 썼기 때문에 충전을 위해서 쉬는 것입니다. 100미터 달리기 결승전을 통과하거나 산 정상에 올랐을 때 몸은 힘들지만 마음은 상쾌한 기분을 느껴봤을 겁니다. 수업 중에 복습을 하게 되면 그와 비슷한 짜릿함을 맛볼 수 있을 겁니다.

에피소드 기억 활용하기
질문하기, 완전학습 노트

수업 중에 노트 필기를 하는 것도 에피소드 기억에 도움이 됩니다. 필기를 하는 자체가 중요한 것과 중요하지 않은 것을 구분하는 행동이고, 필기를 하면서 간접적으로 선생님과 호흡을 하기 때문에 에피소드가 생깁니다.

우유를 받아먹는 사람보다 배달하는 사람이 더 건강하듯이 수업 시간에 수업을 듣는 학생보다 수업을 하는 선생님이 더 많은 공부가 됩니다. 그래서 6개월 정도만 가르치면 교과서를 보지 않고도 어떤 내용이든 술술 나오는 것입니다. 따라서 수업시간에 멍하니 선생님 얘기만 듣고 있으면 선생님 좋은 일만 시키는 것입니다. 학생도 수업 효과를 거두려면 에피소드 기억에 도움이 되는 질문을 하면서 적극적으로 수업에 참여해야 합니다. 그래야 선생님과 학생 모두 성장과 발전을 하게 됩니다.

질문하기는 능동적인 듣기에서 더 나아가 수업내용을 보다 적극적으로 이해하고자 하는 행동입니다. 좋은 질문을 만들기 위해서는 우선 선생님이 요구한 대로 읽고 듣는 자세가 필요합니다. 그리고 나서 좋은 질문을 만드는 연습을 해야 합니다. 이런 연습과 훈련 과정을 통해 질문하는 것을 하나의 습관으로 정착시킬 수 있습니다.

예습을 하면서 만든 질문은 수업내용에 초점을 맞추게 해서 집중력을 높여주고, 수업 중에 만든 질문은 복습을 할 때 어떤 부분에 초점을 맞춰야 하는지 알게 해서 복습 효과를 높여줍니다. 복습을 하면서 만든 질문은 다시 예습을 할 때 이어지므로 예습의 효과도 높아집니다. 특히 예습 때 만든 질문 목록과 수업 중에 선생님이 강조하는 내용을 비교하고 확인하면서 공부하면, 핵심을 이해하는 데 효과적이며 시험 대비에도 도움이 됩니다.

수업 중에 노트 필기를 하는 것도 에피소드 기억에 도움이 됩니다. 필기를 하는 자체가, 중요한 것과 중요하지 않은 것을 구분하는 행동이고, 필기를 하면서 간접적으로 선생님과 호흡을 하기 때문에 에피소드가 생깁니다. 그런데 일반적인 노트 필기법보다는 완전학습 이론에 맞는 완전학습 노트 필기법이 좋습니다. 완전학습 노트는 구분과 반복을 효과적으로 하기 위해서 노트에 줄을 그어서 칸을 나눕니다.

예습	수업	이해
질문	요약	암기

위 칸 왼쪽은 예습을 할 때 궁금한 사항이나 수업 중에 체크해야 할 사항을 간단히 메모하는 데 활용하고, 가운데는 수업을 들으면서 중요한 내용 중심으로 정리하는 데 활용합니다. 그리고 나머지 오른쪽은 수업 중에 이해하지 못한 내용이나 새로운 아이디어를 메모하는 데 활용합니다.

아래 칸은 오른쪽에 암기가 필요한 핵심 사항을 메모하고, 가운데 칸에는 수업내용을 요약해봅니다. 왼쪽 칸에는 수업내용 전체를 아우를 수 있는 핵심 질문을 하나 만들어서 적어봅니다.

이런 형식의 노트 필기만으로도 자신이 어떤 부분을 이해하고, 어떤 부분의 공부가 더 필요한지 쉽게 알 수 있습니다. 완전학습 노트를 잘 활용하면 노트 필기만으로도 완전학습이 가능해 완벽한 이해와 암기에 성공할 수 있습니다. 그 외에 학습내용을 효과적으로 정리하기, 효과적으로 복습하기, 수업에 집중하기, 내신 시험에 대비하기, 수업내용을 재구성하고 조직하기 등 다양한 효과를 기대할 수 있습니다. 우등생이 되려면 노트 필기의 제왕이 되어야 합니다.

CHAPTER 05

수업 후 누적복습하기

- 암기 중심의 5분 학습법 : 수업 후
- 1. 1. 1. 학습법 : 1일 1시간 1회, 이해 중심
- 에피소드 기억 활용하기 : 카드 학습법, 파트너 학습법
  활동시트 카드 학습법 습관 만들기

암기 중심의 5분 학습법
수업 후

처음에는 하루에 1번 자신이 좋아하는 과목의 수업이 끝난 후에 5분 학습법을 실천하기로 계획을 세우고 해봅니다. 며칠만 이렇게 공부해보면 효과를 느끼게 될 겁니다.

우리 뇌는 뭔가를 배우면 잊어버리는데, 배운 직후 1시간 만에 배운 내용의 반 50%을 잊어버립니다. 따라서 잊어버리기 전에 '즉시' 반복하는 것이 중요한데, '5분 학습법'이 효과적입니다. 5분 학습법이란 수업이 끝나고 쉬는 시간 10분 중의 5분 동안 전 시간에 배웠던 내용을 복습하는 학습법을 말합니다. 이때 공부하는 내용은 짧은 시간을 생각해서 핵심 사항을 중심으로 꼭 암기해야 하는 핵심 키워드, 개념과 원리, 공식, 어휘 등으로 완전학습 노트의 '암기' 칸에 적은 내용이 효과적입니다.

5분 학습법을 활용할 때 유의해야 할 사항이 몇 가지 있습니다. 다른 학습법과 마찬가지로 처음부터 너무 욕심을 부리지 말고 가볍게 시작해야 합니다. 처음에는 하루에 1번 자신이 좋아하는 과목의 수업이 끝난 후에 5분 학습법을 실천하기로 계획을 세우고 해봅니다. 며칠만 이렇게 공부해보면 효과를 느끼게 될 겁니다. 그다음부터 2번, 3번으로 횟수를 늘려나가면 됩니다.

처음부터 모든 과목의 수업 후에 5분 학습법을 활용하면 갑작스럽게 변화된 모습에 친구들이 관심을 두거나 괜한 트집을 잡을 겁니다. 친구들과의 관계를 좋게 유지하면서 공부를 잘하기 위해서라도 티가 안 나게 하나씩 단계를 높이는 것이 필요합니다. 몇 번 하다 보면 따라 하는 친구가 생길 수도 있고, 그러다 보면 5분 학습법을 많은 친구와 함께 실천할 수 있을 겁니다.

간혹 쉬는 시간을 거의 갖지 못하는 학생들도 있습니다. 이때는 선생님께 직접 5분 학습법을 활용할 수 있는 시간을 달라고 요청하거나 부모님을 통해 선생님께 건의하는 것도 좋습니다. 어찌 보면 짧은 시간이고, 작게 생각할 수도 있는 5분 학습이지만 그 엄청난 효과를 생각해볼 때 약간의 수고와 번거로움은 충분히 이겨낼 수 있을 겁니다.

1. 1. 1. 학습법
1일 1시간 1회, 이해중심

복습을 할 때는 교과서를 중심으로 하는 것이 좋으며, 교과서의 부족한 부분은 참고서나 관련 자료로 보충합니다.

복습은 수업이 모두 끝난 방과 후에 본격적으로 이루어집니다. 이때 1. 1. 1. 학습법을 활용하면 좋습니다. 1. 1. 1. 학습법이란 1일 1시간 1회 공부하는 방법입니다.

방과 후에 이상적인 복습시간은 초등학생은 1시간, 중학생은 하루 2시간, 고등학생의 경우 하루 3시간, 고3은 하루 4시간 정도면 충분합니다. 매일이 아니라 일주일에 5번만 이렇게 공부하면 학교에서 배우는 수업내용을 충분히 소화할 수 있습니다.

방과 후에 복습을 할 때는 '이해' 중심으로 공부해야 합니다. 먼저 완전학습 노트를 보면서 수업시간에 배운 내용을 요약하면서 확인하는데, 이때는 완전학습 노트의 '요약' 칸을 활용합니다. 그리고 이해하기 어려운 내용과 깊이 있는 공부가 필요한 내용을 중심으로, 이때는 완전학습 노트의 '이해' 칸을 활용하면서 부족한 부분을 보완해 심화학습을 합니다.

복습을 할 때는 교과서를 중심으로 하는 것이 좋으며, 교과서의 부족한 부분은 참고서나 관련 자료로 보충합니다. 궁금한 사항이나 혼자서 해결하기 어려운 내용은 표시해두었다가 선생님이나 부모님께 질문을 해서 해결합니다. 이런 과정에서 자기주도학습 능력도 생기고 공부에 대한 좋은 느낌이 강해집니다.

방과 후 복습은 학교 안에서 이루어지는 것이 바람직합니다. 왜냐하면 학교를 벗어나서 다시 공부를 하려고 할 때는 유혹거리가 너무나 많기 때문입니다. 모든 학생이 방과 후 자율학습을 하는 학교라면 별 상관이 없겠지만 원하는 학생만 하거나 하지 않을 때는 선생님에게 미리 말씀을 드리고 교실을 이용하거나 학교 도서관이나 자습실 등을 이용하면 됩니다.

만약 집에서 방과 후 복습을 할 때는 마음이 느슨해 지지 않도록 옷을 갈아입지 않고, 곧바로 책상에 앉아서 해야 할 공부를 하는 것이 좋습니다. 이때 부모님은 심부름을 시킨다거나 간식을 먹고 공부하라거나 학생 스스로 세운 계획을 변경하는 일이 없도록 유의해야 합니다.

에피소드 기억 활용하기
카드학습법, 파트너학습법

시험은 문제를 내는 선생님과 시험을 보는 학생 사이의 한판 심리전 게임과 같습니다. 따라서 선생님이 어떤 부분에서 어떤 식으로 문제를 낼지 알 수 있으면 시험에서 유리해집니다.

수업 후 복습을 할 때 교과서와 노트를 보면서 공부하는 것도 좋지만 '카드 학습법'을 활용하면 좀 더 좋은 효과를 얻을 수 있습니다. 카드 학습법이란 공부할 내용을 카드에 적어서 학습하는 방법을 말하며, 에피소드 기억과 암기력 향상에 도움이 되는 특별한 도구입니다. 카드 학습법은 짧고 간단한 내용이 많은 영어 단어나 공식, 개념, 한자 등을 암기할 때 좋습니다.

카드 학습법에도 '구분'과 '반복'의 키워드가 적용되는데,

카드를 만들 때는 앞면에 외울 대상, 뒷면에 그 설명을 구분해서 적고, 외울 때는 반복 중에서도 5회 이상의 누적복습을 적용하면 됩니다. 이때 카드는 명함 크기 정도로 적당한 것이 좋고, 한 장의 카드에는 1개의 외울 대상만 큼직하게 적는 것이 좋습니다.

우선 영어 단어부터 도전해보고 익숙해지면 공식이나 개념, 한자, 조금 긴 내용 등으로 수준을 높이면 됩니다. 보통 1시간 수업이라면 핵심 내용이 2~3개 정도 됩니다. 따라서 수업 후 5분 동안 카드를 2~3개 만들면 핵심 내용을 효과적으로 정리할 수 있습니다. 왜냐하면 카드를 만들면서 자연스럽게 복습이 되기 때문입니다. 이렇게 만든 카드는 방과 후 복습 때 가볍게 한 번 확인하기만 해도 누적복습 효과를 거둘 수 있습니다.

카드 학습법은 객관식, 단답형 시험을 대비하는 탁월한 도구이기도 합니다. 시험은 문제를 내는 선생님과 시험을 보는 학생 사이의 한판 심리전 게임과 같습니다. 따라서 선생님이 어떤 부분에서 어떤 식으로 문제를 낼지 알 수 있으면 시험에서 유리해집니다. 선생님의 생각을 조금이나마 알려면 자신이 시험 출제위원이 되어서 문제를 한 번 출제해보면 됩니다.

우선 시험에 나올 만큼 중요한 내용을 문제로 만들어서 카드에 적어야 하므로 중요한 내용을 찾는 과정이 필요합니다. 보통 학습주제, 목표와 관련 있는 내용, 수업시간에 강조한 내용, 기출문제, 책에 강조된 내용, 자신이 이해하고 암기하지 못한 내용 등이 기준이 됩니다. 이런 기준으로 책을 보면서 점검을 하고 앞면에 문제, 뒷면에 답을 적습니다. 객관식이라면 앞면에 문제와 함께 4~5개의 보기를 적고, 뒷면에 번호나 정답을 적으면 됩니다. 단답형이라면 앞면에 괄호 넣기 같은 문제를 적고, 뒷면에 바로 답을 적으면 됩니다. 만든 카드를 갖고 다니면서 틈틈이 외우면 5번 이상 누적복습이 자연스럽게 이뤄질 겁니다.

복습을 할 때 혼자 해도 좋지만 같이 공부하는 짝과 함께 하는 것이 좀 더 효과적인데, 이런 방법을 '파트너 학습법'이라고 합니다. 카드를 만들어서 외운 후에 짝인 친구와 서로 카드를 바꿉니다. 그리고 서로 공부한 내용에 관해서 물어보고 답하면서 확인하면 에피소드 기억을 통해 학습 효과를 높일 수 있습니다. 또한 누가 많이 맞추는지 내기를 하면서 선의의 경쟁도 되므로 공부를 게임처럼 즐길 수 있습니다.

가끔은 각자 알고 있는 내용을 상대방에게 가르쳐도 좋습니다. 마찬가지로 에피소드 기억을 활용하는 방법인데, 아는 내용뿐만 아니라 모르는 내용도 가르칠 수 있습니다. 아는 내용을 가르치게 되면 복습이 되면서 좀 더 확실하게 기억할 수 있고, 모르는 내용을 가르치게 되면 몰랐던 부분이 이해되는 신기한 현상이 일어납니다.

용기와 자신감이 있는 친구라면 다른 친구들의 동의를 얻은 후에 교실 앞으로 나가서 선생님처럼 칠판에 판서를 하면서 가르치기를 활용할 수 있습니다. 하루에 한 사람씩 돌아가면서 선생님처럼 가르쳐보면 놀라운 학습 효과를 거두게 될 겁니다.

카드 학습법은 집중력과 기억력 향상, 복습하는 습관, 기록하는 습관, 자투리시간 사용 습관 등의 다양한 효과를 볼 수 있고, 아주 유용한 학습도구 활용법이지만 제대로 효과를 보기 위해서는 먼저 그 사용법을 제대로 알고 있어야 합니다.

1단계 좋아하는 과목부터 하루에 1~2개씩 카드 만들기

〈앞 면〉 문제

지진이 발생할 때,
땅의 흔들림을 기록하는 장치로
지진의 세기를 알 수 있는 것을
무엇이라고 하는가?

〈뒷 면〉 답

지진계

암기카드를 만들 때는 종이가 아깝다고 생각하지 말고, 1장의 카드에 하나의 내용만 기록합니다.

2단계 암기하며 구분하기(암기한 것과 하지 못한 것)

암기한 것   구분   암기하지 못한 것

일정 횟수 이상 암기한 카드들은 손에 들고 암기한 것과 하지 못한 것은 구분합니다.

암기했는지 못했는지는 암기카드 앞면의 문제를 보고 뒷면의 답을 2초 이내에 떠올릴 수 있느냐로 판단하면 됩니다.

완전학습을 위한 실전자세 95

3단계 과목과 카드 개수 늘리기

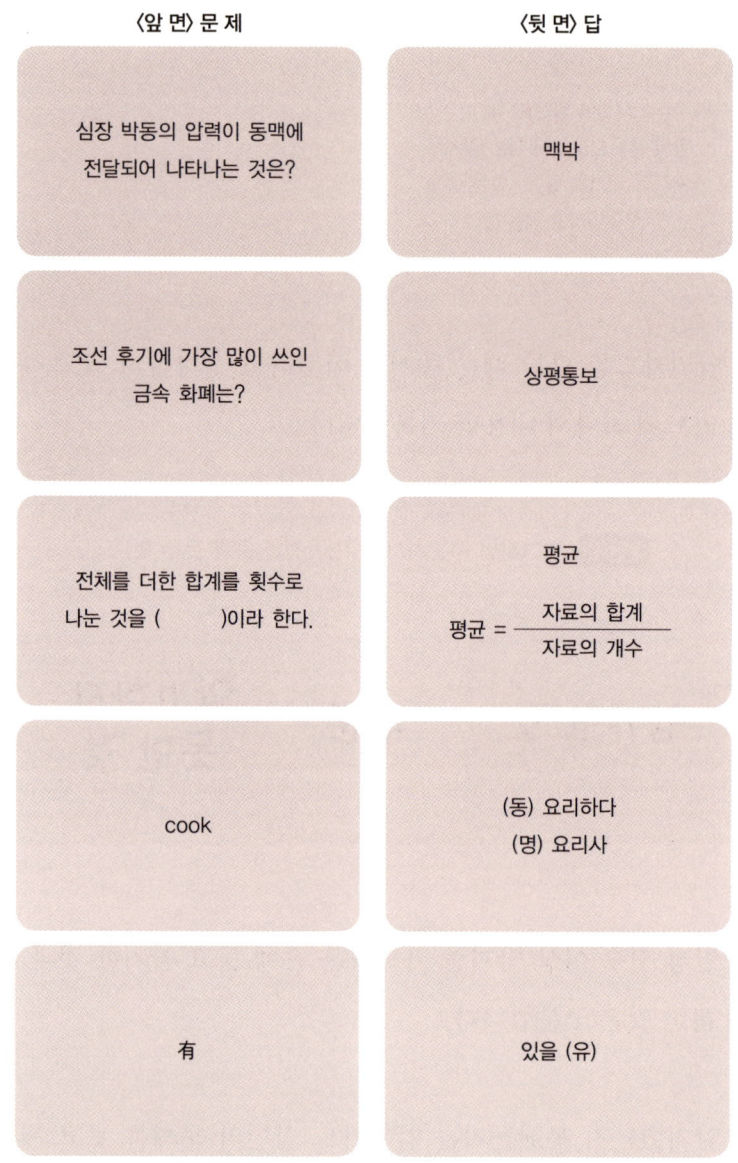

암기카드를 만들고 외우는 것에 익숙해지면 카드 만드는 과목과 개수를 조금씩 늘려 나갑니다.

<카드 만들어보기>

<앞 면> 문 제   <뒷 면> 답

제3부
방과 후 집에서 다지는 완전학습 습관

우등생들의 공부방을 보면 책상과
방문 주변에 포스트잇이
빼곡히 붙어 있는 경우가 많습니다.
암기가 안 되는 어려운 내용을 포스트잇을 활용해서
5회 이상 누적복습을 하기 위해서입니다.

CHAPTER 06

집에서 누적복습하기

CHAPTER 07

만점 시험 전략

CHAPTER 08

완전학습을 위한 과목별 학습법

CHAPTER 06

집에서 누적복습하기

- 숙제하기 : 입문
- 부모님께 수업내용 가르치기 : 하수
- 수업 핵심내용 정리하기 : 중수
- 수업 핵심내용 개념도 그리기 : 고수
- 학습일기 쓰기 : 달인
- 완전학습 환경 만들기 : 공신
  활동시트 개념도 습관 만들기

숙제를 잘하는 습관은 좋은 공부 습관으로도 이어집니다. 따라서 우선은 '스스로' 숙제를 시작하고 어려운 부분은 부모님의 도움을 받는 것이 좋습니다.

예습-수업-복습만 잘하면 학교에서 모든 공부가 끝날 수 있지만 학생의 수준과 상황에 따라서 추가로 공부해야 하는 사람도 있습니다. 수업을 따라가지 못하는 학생은 부족한 부분을 보완해야 하고, 보통 학생보다 더 큰 목표와 계획을 가진 사람은 거기에 맞는 공부를 더 해야 합니다.

초등학생이라 추가 공부는 집에서 하게 되는 경우가 많습니다. 이때 '숙제하기'는 가장 낮은 단계의 공부입니다. 숙제는 좀 더 공부가 필요하다고 생각해서 선생님이 내는 것인데 모든 학생이 똑같을 수도 있고, 학생마다 다를 수도 있습니다. 숙제를 잘하는 습관은 좋은 공부 습관으로도 이어집니다. 따라서 우선은 '스스로' 숙제를 시작하고 어려운 부분은 부모님의 도움을 받는 것이 좋습니다.

특히 초등학교 저학년이라 공부방이 없을 때는 식탁이나 상을 하나 펴놓고 숙제를 하면 됩니다. 아직 어리기 때문에 책상에 혼자 앉아서 벽을 보고 공부한다는 것이 다소 무리가 따를 수 있으므로, 가족들과 이야기를 나눌 수 있는 트인 공간이 심리적으로 편하고 즐겁게 숙제를 할 수 있는 환경을 만들 수 있습니다.

부모님께 수업내용 가르치기
하수

처음에는 가볍게 한두 가지 정도만 얘기하고, 조금씩 적응해가면서 자세한 얘기를 하면 됩니다. 이때 주의할 점은 시험을 보거나 심문을 당하는 느낌이 들어서는 안 된다는 겁니다.

외국은 온 가족이 함께 모여서 식사를 하면서 하루 동안에 있었던 일들에 관해서 이야기를 나누는 것이 일반적입니다. 하지만 우리는 그런 문화가 아직 낯설기만 합니다. 사실 식사를 하면서, 부모님께 수업시간에 배운 내용을 이야기하기만 해도 엄청난 복습 효과가 있습니다.

어떤 학생은 밥 먹을 때 공부 얘기를 하면 소화가 안 돼서 체할 수도 있다고 하는데, 익숙하지 않아서 생기는 일입니다. 처음에는 가볍게 한두 가지 정도만 얘기하고, 조금씩 적응해가면서 자세한 얘기를 하면 됩니다. 이때 주의할 점은 시험을 보거나 심문을 당하는 느낌이 들어서는 안 된다는 겁니다. 편안한 상태에서 자유롭게 이야기를 할 수 있도록 분위기를 만드는 것이 중요합니다.

이야기 나누는 것이 편안해졌다면 가족에게 배운 내용을 선생님처럼 가르쳐보는 것도 좋습니다. 이때 선생님 흉내를 내면서 말과 행동을 선생님과 똑같이 내면 재미와 웃음을 가족에게 줄 수도 있습니다. 가족은 아이가 수업시간에 무엇을 배우는지 알 수 있어서 좋고, 가르치는 사람은 복습이 되어서 좋으니 '일석이조_一石二鳥_'의 효과가 있습니다.

수업 핵심내용 정리하기
중수

압축하기는 손으로 쓰는 것이 가장 좋지만 컴퓨터 타자를 잘 치는 친구라면 워드를 활용해 문서로 만들어 정리해도 됩니다.

공부를 잘하는 우등생이 공부하는 방법을 살펴보면 핵심 내용을 잘 찾을 뿐만 아니라 정리를 하면서 압축도 잘 합니다. 수업내용을 압축하려면 '서머리summery의 기술'이 필요합니다. 우선 교과서에 중요하다고 표시한 내용을 중심으로 연습장에 옮겨 적어봅니다. 노트를 보면서 선생님이 강조한 내용도 연습장에 적어봅니다. 참고서나 문제집, 다른 자료에서 참고할 만한 내용을 연습장에 추가합니다. 이 모든 것을 하나로 정리하면서 요약을 하면 핵심 내용을 압축할 수 있습니다.

압축하기는 손으로 쓰는 것이 가장 좋지만 컴퓨터 타자를 잘 치는 친구라면 워드를 활용해 문서로 만들어 정리해도 됩니다. 타자로 쳐서 문서로 만들어두면 편집하기 쉽고, 나중에 필요할 때 다시 꺼내서 활용하기가 쉬워 효과적입니다. 그리고 타자를 칠 때는 왼손과 오른손을 모두 쓰게 되므로, 좌뇌와 우뇌를 고르게 발달시킬 수도 있습니다.

수업 핵심내용 개념도 그리기
고수

요약의 기술이 텍스트를 바탕으로 좌뇌를 활용한다면, 개념도는 이미지를 바탕으로 우뇌를 활용하기 때문에 좀 더 많은 내용을 확실하게 머릿속에 저장할 수 있습니다.

압축을 지속적으로 하다 보면 책의 목차처럼 핵심 키워드만으로 핵심 내용을 정리할 수 있을 정도로 수준이 높아집니다. 이 정도가 되면 핵심 키워드를 이미지로 표현하는 '개념도'를 활용할 수 있습니다. 글의 주제나 핵심 내용을 핵심 개념이라 하고, 개념도는 글의 주제나 핵심 내용과 관련된 개념과 세부 내용을 찾아서 이해하기 쉽고 오랫동안 기억할 수 있도록 묶고, 연결하여 이미지화하는 것을 말합니다.

아마 교과서에서 개념도라는 것을 본 적이 있을 겁니다. 개념도는 글을 읽으며 핵심내용과 세부 내용에 볼펜이나 형광펜 등으로 표시를 하거나 밑줄을 그으며 묶고, 연결할 내용을 구분한 후에 요약하기 과정을 거친 다음 그 내용들을 이어서 그리게 됩니다.

개념도를 잘 그리기 위해선, '컴퓨터의 구성요소 - 키보드, 마우스, 모니터', '편지의 뜻/설명 - 안부, 소식, 용무를 적어 보내는 글'과 같이 개념 간의 연결 관계와 위계위와 아래, 앞과 뒤, 먼저와 다음 같은 차례, 순서 및 관계성 등을 정확히 파악할 수 있어야 합니다.

요약의 기술이 텍스트를 바탕으로 좌뇌를 활용한다면, 개념도는 이미지를 바탕으로 우뇌를 활용하기 때문에 좀 더 많은 내용을 확실하게 머릿속에 저장할 수 있습니다. 따라서 필요할 때 끄집어내기가 쉬우므로 시험을 볼 때도 유리합니다.

매일 그린 일간 개념도는 1주일에 1번 주간 개념도로 정리하고, 한 달에 1번 월간 개념도, 분기에 1번 분기 개념도, 한 학기에 1번 학기 개념도, 한 학년에 1번 학년 개념도로 정리할 수 있으며, 나중에는 책 한 권을 한 장의 개념도로 정리할 수 있습니다.

학습일기 쓰기
달인

학습일기를 쓰면서 학습 계획표를 점검하고 확인하며 평가하게 되고, 학습 성취도를 파악할 수 있으며, 개인적인 정신적, 육체적 문제점도 알 수 있습니다.

학습일기는 하루 동안에 배운 내용을 일기처럼 자유롭게 쓰는 것입니다. 학습일기를 학습 내용을 중심으로 쓰면 복습이 되고, 느낌을 중심으로 쓰면 반성이 됩니다. 학습일기는 빡빡이, 깜지, 양치기라 불리는 일반적인 숙제와는 구별됩니다. 학습일기를 쓰면서 학습 계획표를 점검하고 확인하며 평가하게 되고, 학습 성취도를 파악할 수 있으며, 개인적인 정신적, 육체적 문제점도 알 수 있습니다.

글을 쓰는 것이 부담스러운 학생은 MP3나 보이스레코더에 녹음을 하거나 캠코더로 동영상을 촬영하는 것으로 학습일기를 대신할 수 있습니다. 1주일에 한 번 1주 학습일기, 1개월에 한 번 1개월 학습일기, 3개월에 한 번 분기 학습일기, 6개월에 한 번 학기 학습일기, 1년에 한 번 1년 학습일기를 쓰면 한 해를 알차게 보낼 수 있습니다.

완전학습 환경 만들기
공신

꿈을 이루기 위해서 꿈 환경을 만들고, 영어를 잘하기 위해서 영어 환경을 만들어야 하듯이 완전학습에 성공하려면 완전학습이 될 수 있는 환경을 만드는 것이 가장 중요합니다.

우등생들의 공부방을 보면 책상과 방문 주변에 포스트잇이 빼곡히 붙어 있는 경우가 많습니다. 암기가 안 되는 어려운 내용을 포스트잇을 활용해서 5회 이상 누적복습을 하기 위해서입니다. 어떤 학생은 보이스레코더에 녹음까지 해서 녹음한 내용을 들으면서 복습하기도 합니다.

어떤 선생님은 공부란 '알아야 할 것과 익숙해지는 방법을 연구하는 것이다'라는 멋진 말로 정의했습니다. 그렇습니다. 꿈을 이루기 위해서 꿈 환경을 만들고, 영어를 잘하기 위해서 영어 환경을 만들어야 하듯이 완전학습에 성공하려면 완전학습이 될 수 있는 환경을 만드는 것이 가장 중요합니다.

여러분은 지금 어떻게 공부하고 있습니까? 지금부터 뭔가 변화를 시작해야 하지 않을까요?

1단계 핵심 개념에 표시하기

지문을 보고 핵심 개념이라고 생각되는 단어나 문구에 표시 해보세요.

암석이 층으로 쌓여 있는 것을 ⓐ지층⎯이라 한다.

①옹기는 예부터 일반 서민들이 사용해왔던 전통적인 생활 용기이다.

②전설은 옛날부터 전해오는 이야기로 사람이나 절, 나무, 바위 등에 얽힌 이야기입니다

③계절풍이란 여름에는 해양에서 육지로, 겨울에는 육지에서 해양으로 부는 바람이다.

2단계 핵심 개념에 표시하고 밑줄 긋기

지문을 보고 핵심 개념이라고 생각되는 단어나 문구에 표시를 하고 적절한 곳에 밑줄을 그어 보세요.

짧은 <u>말 한 마디</u>로 상대방에게 <u>깊은 뜻</u>을 <u>재미있고도 알기 쉽게 전할 수 있으며</u>, <u>교훈이 담겨 있는 것</u>을 (속담)이라 합니다.

(김치)란 <u>채소를 소금에 절이고 고추, 마늘, 파, 젓갈 등의 양념을 넣고 버무린 다음, 발효시켜 먹는 우리 고유의 음식</u>입니다.

---

①경찰서는 고장의 질서를 유지하고, 주민의 생명과 재산을 보호해주며, 범죄 발생을 예방하고, 범인을 체포합니다. 또한 교통 경찰관은 교통을 정리하고, 사고를 예방합니다.

②화산이 분출하는 땅속 깊은 곳에는 지구 내부의 높은 열 때문에 물질이 녹아 있습니다. 이렇게 땅속에 녹아 있

는 물질을 마그마라고 합니다.

③뼈는 몸을 지탱하고 일정한 모양을 유지하게 하며, 몸의 중요한 기관을 보호하고, 근육은 뼈에 붙어 뼈를 움직이게 합니다.

④물속에서는 중력과 반대 방향으로 물이 물체를 밀어올리는 힘이 생겨 물체의 무게가 줄어드는데, 이 힘을 부력이라고 합니다.

⑤옹기는 주로 곡식을 저장하거나 장독으로 사용되었습니다. 옹기를 만들 때 그릇에 작은 숨구멍이 생기는데, 그 구멍으로 공기가 드나들기 때문에 곡식이나 장류가 신선하게 보존됩니다.

3단계 개념 간의 연결 관계 파악하기

개념 간의 관계를 파악하여 어떤 관계가 있는지 적합한 연결어를 넣어보세요.

자전거 ~의 구성요소 바퀴, 핸들, 페달
지구 온난화 ~의 이유/원인 대기오염
응고 ~의 뜻(설명) 액체가 고체로 변하는 것
대중교통 ~의 종류 버스, 지하철
늦잠 ~의 결과 지각
여름 ~의 특징 무더위, 장마, 태풍
남자 ~와 반대되는(대비되는) 여자
열심 ~과 짝을 이루는 노력
직유법 ~의 예 얼음처럼 차가운

①과일_____포도, 딸기, 사과, 수박

②지각_____청소

③야채_____오이, 당근, 배추, 양파

④선생님_____스승

⑤여름_____겨울

⑥노력_____성적 향상

⑦과식_____비만

⑧병원_____소아과, 내과, 외과, 치과, 안과

⑨엄마_____사랑

⑩장거리_____단거리

⑪스포츠_____축구, 야구, 농구, 태권도, 유도, 수영

⑫식빵_____잼

⑬안경_____시력이 나쁜 사람이 잘 보이게 하려는 도구

4단계 요약하기

요약하기란 내용을 짧게 줄여 쓰는 것을 말합니다. 요약하기는 쓰기 속도와 함께 공부한 내용에 대한 기억을 증진시켜 줄 수 있습니다. 다음 문장이나 지문을 짧게 줄여보세요.

> (설명문)은 어떤 대상에 대하여 글쓴이가 알고 있는 것을 독자들이 정확하게 이해할 수 있도록 쉽게 풀어쓴 글이다.
> → 설명문 : 어떤 대상에 대해 쉽게 풀어쓴 글

①자연현상이 인명과 재산에 피해를 주는 것을 자연재해라고 하며, 사람에 의해 일어나는 인재와 크게 구별된다.

→ _____

②황사 현상이란 중국의 건조한 지역에서 발생한 미세한 모래들이 바람을 타고 우리나라에까지 날아오는 현상을 말하며, 우리나라의 대기를 오염시키고, 눈병과 호흡기 질환을 일으키기도 한다.

→ _____

③지구 온난화란 이산화탄소 등의 온실 기체로 인해 지구의 대기 온도가 점점 올라가는 것으로 기상 이변이 나타나고 극지방의 빙하가 녹아 해수면이 높아지고 있다.

→

④강이 있는 지역에 물을 막아 각종 용수로 사용하고, 수력 발전을 통해 전기를 생산하는 등 여러 가지 목적으로 사용하기 위해 만든 댐을 다목적 댐이라고 한다. 댐을 건설하면 여러 지역이 고르게 발전할 수 있고, 댐 부근의 자연환경과 더불어 관광자원으로 이용할 수도 있다. 그러나 대규모의 다목적 댐을 건설함으로써 주민들의 생활 터전이 물에 잠기고, 생태계의 변화가 생기며, 새로운 주택과 도로의 건설로 산림과 국토가 훼손되는 문제점도 있다.

→

5단계 글을 읽고 개념도 그리기

혈액을 순환시키고 영양소, 산소, 노폐물을 운반하는 역할을 하는 순환 기관은 심장, 혈관 그리고 혈관을 흐르는 혈액으로 구성되어 있는데, 심장은 주먹만 한 크기로 왼쪽 가슴 밑에 위치하고 혈액 순환의 중심기관으로써 펌프 작용을 한다. 혈관은 크게 모세혈관, 심장혈액 나가는 동맥, 심장으로 들어가는 정맥으로 분류된다. 혈액은 조직에 공급할 영양소와 산소, 밖으로 배출할 노폐물과 이산화탄소를 운반하는 역할을 한다. 순환계와 관련된 질병으로 심장병, 고혈압, 백혈병 등이 있다.

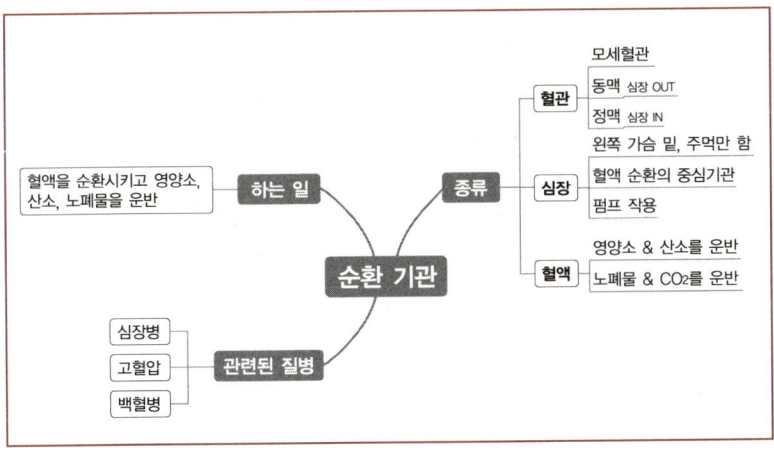

자연현상이 인명과 재산에 피해를 주는 것을 자연재해라고 하며, 사람에 의해 일어나 인재와 크게 구별된다. 자연재해의 종류에는 태풍, 가뭄, 폭설 등이 있다. 태풍은 북태평양 남서부에서 발생한 열대성 저기압을 말한다. 태풍은 강한 비바람을 동반하므로 홍수가 나고, 강풍에 의해 농사뿐만 아니라 사람들에게도 큰 피해를 준다. 가뭄은 오랫동안 비가 오지 않는 현상으로, 물이 부족하게 되고 제때에 논과 밭에 물을 대지 못하여 농사를 망치는 경우도 있다. 폭설은 한 번에 너무 많은 양의 눈이 내리는 것으로 도로가 얼어붙어 차가 다닐 수 없게 된다.

(초등 5 사회)

우리 주위에는 공기가 있으며, 이 공기의 무게에 의해 항상 눌리고 있다. 이렇게 공기가 누르는 압력을 기압이라고 한다. 주위보다 기압이 높으면 고기압이라고 하고, 주위보다 기압이 낮으면 저기압이라고 한다. 공기가 이동하는 것이 바람인데, 바람은 고기압에서 저기압으로 분다. 기압이 서로 같은 지점끼리 연결한 곡선을 등압선이라 한다. 등압선은 교차하거나, 가지가 갈라지거나, 도중에 끊기지 않는다. 등압선의 간격이 좁으면 기압의 차가 커서 강한 바람이 불고, 등압선의 간격이 넓으면 기압의 차가 작아서 약한 바람이 분다.

(초등 6 과학)

CHAPTER 07

만점 시험 전략

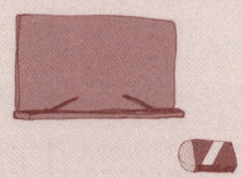

- 목표 세우기
- 계획 세우기 : 월간, 주간, 일간
- 시험 페이퍼 만들기 : 누적복습 활용하기
- 시험장 필살기
- 시험 평가하기 : 시험 일기 쓰기
  활동시트 시험 계획 습관 만들기

목표 세우기

완전학습은 전 과목에서 만점을 받는 것이 목표입니다. 하지만 이것은 시간이 좀 걸리는 이상적인 목표이고, 현실적인 목표는 보통 지난번보다 10~20% 정도 높게 잡으면 됩니다.

시험 2주~한 달 전이 되면 시험 준비에 들어가면서 시험 학습 형태로 바꿔야 합니다. 그동안 공부해왔던 평시 학습이 이해 중심이었다면, 시험 학습은 암기 중심이라는 점을 다시 떠올려야 합니다. 우선 시험공부를 하기 전에 이번 시험의 목표를 세워야 합니다. 지난 시험의 과목별 점수를 확인하면서 달성 가능한 목표를 세웁니다.

완전학습은 전 과목에서 만점을 받는 것이 목표입니다. 하지만 이것은 시간이 좀 걸리는 이상적인 목표이고, 현실적인 목표는 보통 지난번보다 10~20% 정도 높게 잡으면 됩니다. 예를 들어, 지난 시험 국어 점수가 80점이었다면 88점~96점 정도로 목표를 세웁니다. 목표를 달성하려면 자신의 수준을 정확히 알아서 그 수준에 맞는 목표를 세우는 것이 중요합니다.

목표를 세울 때는 모든 과목의 점수를 몇 점이라고 명확히 정해보고, 반 등수와 전체 등수를 알 수 있는 시험이라면 숫자로 표시해보면 좋습니다. 이때도 마찬가지로 지난번보다 10~20% 정도만 높게 목표를 정하면 됩니다.

계획 세우기
월간, 주간, 일간

시험기간 동안 할 수 있는 총 공부시간을 계산하면서 주간 학습량과 일간 학습량을 정합니다. 일간 학습량은 하루에 어떤 과목을 어떤 책으로 몇 페이지씩 공부해야 하는지 정하는 것입니다.

시험 목표를 정했으면 이제 시험 계획 세우기로 들어갑니다. 시험 계획을 세우기 전에 알아야 할 것이 몇 가지 있습니다. 우선 과목별 시험 범위를 알아야 합니다. 시험 범위는 보통 배운 데부터 배운 데까지인 경우가 많습니다. 따라서 계획을 세울 때 시험 범위의 진도를 다 나가지 않아서 정확히 몰라도 지금까지 배운 내용을 중심으로 계획을 세우면 됩니다.

시험 범위를 파악한 후에 시험기간 동안 공부할 수 있는 시간을 계산합니다. 이때 시간은 스스로 공부하는 자기주도학습

시간만 계산합니다. 수업시간표와 일간 계획표를 보면서 자신의 일정을 분석해 요일별로 공부시간을 뽑아서 모두 더합니다.

초등학생의 경우라면 보통 일주일에 20시간 평시 학습에서는 1주일에 10시간 정도 확보할 수 있습니다. 시험 학습 기간에 따라 40~80시간 2~4주 정도 공부할 수 있습니다.

시간을 계산한 다음에는 공부할 대상을 정해야 합니다. 보통 교과서, 노트, 프린트 교재, 문제집, 참고서, 기출문제, 암기카드 5분 학습법 등이 해당됩니다.

자신의 수준과 과목의 특성에 따라서 조금씩 다른데 사회와 과학 등은 응용이 적으므로 교과서와 노트, 프린트 교재 이렇게 3가지, 국어와 영어, 수학은 응용문제가 많으므로 교과서와 노트, 프린트 교재, 문제집 이렇게 4가지로 공부하면 좋습니다. 고득점을 목표로 한다면 참고서와 기출문제, 암기카드도 꼼꼼히 살펴보는 것이 중요합니다.

공부할 대상이 정해졌다면 과목별로 공부해야 하는 총 분량을 계산해봅니다. 그리고 시험기간 동안 할 수 있는 총 공부시간을 계산하면서 주간 학습량과 일간 학습량을 정합니다. 일간 학습량은 하루에 어떤 과목을 어떤 책으로 몇 페이지씩 공부해야 하는지 정하는 것입니다. 이때 평시 학습을 충실해 해온 학생이라면 교과서와 노트는 확인하면서 한 번 정도만 복습하면 되고, 프린트 교재와 문제집을 중심으로 공부하면 됩니다.

 예를 들어, 수학 시험공부를 한다면, 2주 동안 교과서 30쪽과 노트 10쪽, 프린트 교재 10쪽, 문제집 10쪽 분량을 10시간 정도 한다면, 1주에 교과서15쪽, 노트5쪽, 프린트 교재5쪽, 문제집5쪽씩 2주로 나누어서 공부하면 됩니다. 화요일과 목요일, 토요일에 수학을 공부한다면 요일마다 교과서, 노트, 프린트 교재, 문제집 중 1~2가지를 선택해서 2시간에 소화할 수 있는 분량으로 나누어서 공부하면 됩니다.

시험 페이퍼 만들기
누적복습 활용하기

시험 2주 전부터 시험공부를 시작해 시험 1주일 전이 되면 하루나 반나절을 아예 비우고 1주일 동안 만들어둔 시험 페이퍼를 꺼내서 1~2회 암기만을 위한 시간을 갖습니다.

시험공부를 하면서 정말 시험에 나올 만큼 중요한 내용인데 암기가 잘 안 되는 어려운 내용을 만날 겁니다. 이런 내용은 따로 관리를 해주어야 하는데, '시험 페이퍼'가 효과적입니다. 시험 페이퍼는 따로 관리가 필요한 내용을 노트나 연습장에 옮겨 적는 것인데, 카드에 적으면 시험카드가 됩니다. 어떤 사람은 시험 페이퍼를 '오답 노트', '오개념 노트', '핵심 꽉 찔러 약점 노트' 등으로 부르기도 합니다.

시험 페이퍼에 대해 시간과 노력을 많이 들인 것에 비해 효과가 떨어진다고 생각하는 친구들이 많습니다. 그런데 그건 시험 페이퍼 자체에 문제가 있는 것이 아니라 그것을 제대로 활용하지 못하기 때문입니다. 보통 시험 페이퍼를 만들면 시험 직전에 1~2번 봅니다. 그런데 시험 페이퍼에 적힌 내용은 자신의 약점입니다. 일반적인 내용도 5번 이상 누적복습을 해야 한다고 했는데, 자신의 약점을 적은 시험 페이퍼라면 최소 10번 이상 반복해야 합니다. 그런데 5번은커녕 1~2번 보고 마니까 같은 내용을 자꾸 틀리는 겁니다. 문제점을 알았다면 앞으로는 이런 오류가 생기지 않도록 주의해야 합니다.

시험 2주 전부터 시험공부를 시작해 시험 1주일 전이 되면 하루나 반나절을 아예 비우고 1주일 동안 만들어둔 시험 페이퍼를 꺼내서 1~2회 암기만을 위한 시간을 갖습니다. 이때 더 이상 암기하지 않아도 될 만큼 완벽암기가 된 내용은 'X'로 표시하면서 지워 내용을 줄여나갑니다. 몇 번 더 봐야 할 내용을 다른 시험 페이퍼에 옮겨 적는 것이 가장 좋지만, 이것이 번거롭다면 지우기만 해도 됩니다.

시험 페이퍼를 카드로 만들어서 시험 문제를 만들어봤다면 시험 환경에 적응하는 훈련을 함께하는 것이 좀 더 효과적입니다. 우선 시험을 볼 때 얼마 동안의 시간에 몇 문제를 푸는지를 살펴본 후에 문제당 제한시간을 계산해봅니다. 대개 시험시간인

40~50분에 20~30개의 문제를 풀어야 하니 문제당 1분 30초~2분 정도로 계산하면 됩니다. 그런 후에 문제가 적힌 시험카드를 20~30개 정도 손에 쥐거나 앞에 놓고 스톱워치나 시계로 알람을 맞춘 다음 문제를 풀거나 40~50분 정도 알람을 맞춘 다음에 제한시간 내에 몇 문제를 풀 수 있는지 알아볼 수도 있습니다. 제한시간을 둔다면 문제량의 목표를 30~40문제 정도가 되도록 하는 것이 좋습니다. 이렇게 공부하면 시험을 볼 때 당황하거나 떨리지 않고 평소 실력을 제대로 발휘할 수 있습니다.

시험장 필살기

시험이 시작되고 시험지를 받으면 이름을 쓰거나 문제를 보기 전에 조금 전에 암기해뒀던 내용을 시험지 여백에다 최대한 빠른 속도로 많이 옮겨 적습니다.

시험 하루 전이 되면 다음날 치를 시험에 집중해야 합니다. 그동안 시험 계획표대로 공부하던 것을 그만 하고 다음날 볼 과목의 시험 페이퍼를 꺼내 1주 전과 마찬가지로 1~2회 암기만을 위한 시간을 갖습니다. 이때도 마찬가지로 더 이상 볼 필요가 없는 내용은 'X'로 표시하면서 내용을 줄입니다.

시험 당일 아침이 되면 조금 일찍 일어나는 것이 보통입니다. 집이나 학교 가는 버스 안, 교실에서 전날 만들어두었던 시험 페이퍼를 꺼내서 1~2회 암기만을 위한 시간을 갖고, 다시 봐야 할 내용만 남기고 나머지는 지우면서 내용을 압축합니다.

시험 보기 10분 전이 되면 다시 시험 페이퍼를 꺼내서 마지막으로 암기해야 할 사항을 확인합니다. 시험이 시작되고 시험지를 받으면 이름을 쓰거나 문제를 보기 전에 조금 전에 암기해뒀던 내용을 시험지 여백에다 최대한 빠른 속도로 많이 옮겨 적습니다. 왜냐하면 10분 전에 암기한 내용은 우리 뇌의 전두엽 워킹 메모리에 순간적으로 저장되어서 금방 잊어버리기 때문입니다.

이렇게 머릿속에 있던 내용을 모두 쏟아낸 다음에 이름을 쓰고 모든 문제를 천천히 훑어봅니다. 쉬운 문제에는 'O', 보통 수준의 문제에는 '△', 어려운 문제에는 'X' 표시를 해둡니다. 그러면서 시험지 여백에 적었던 내용이 시험문제로 얼마나 나왔는지 비교해봅니다. 만약에 1~2문제가 나왔다면, 틀렸을지도 모를 문제를 맞힌 것이라 기분이 좋은 상태에서 시험을 시작할 수 있습니다.

문제를 풀 때는 전체적인 시간을 계산하면서 우선 쉬운 문제부터 풀고, 그다음 보통 문제, 마지막에 어려운 문제를 풉니다. 문제는 꼼꼼히 읽어야 하는데, 문제 속에 숨어 있는 '모두', '아닌', '맞는', '틀린' 등의 함정에 속지 않도록 동그라미나 밑줄로 표시를 하면서 보는 것이 실수를 줄이는 비결입니다.

시험시간이 끝나기 5분 전에는 풀지 못한 문제가 있더라도 그냥 두고 마무리를 해야 합니다. 문제를 다시 한 번 전체적으로 훑어보면서 답을 적지 않은 문제는 없는지, 답안지에 잘 옮겨 적었는지, 이름은 제대로 썼는지 확인합니다. 그리고 풀지 못한 문제는 찍어야 하는데, 가능하면 선다형 번호 중에 많이 나오지 않는 번호를 선택하는 것이 확률적으로 유리합니다.

시험 평가하기
시험일기 쓰기

분석 결과를 바탕으로 다음 시험을 생각하면서 칭찬과 격려, 소감과 반성이 담긴 자유로운 글을 쓰면 '시험일기'가 완성됩니다.

시험이 끝나고 나면 시험에 '시'자도 꺼내지 말라면서 뒤도 돌아보지 않는 친구들이 있습니다. 이번 시험이 마지막이라면 그래도 괜찮겠지만 우리에게는 또 다른 시험이 기다리고 있습니다. 따라서 다음 시험에서 성장과 발전이 있으려면 지금의 결과를 겸허히 받아들이고, 잘된 것은 칭찬하고 잘못된 것은 반성해야 합니다. 그러기 위해서 시험일기를 쓰는 것이 효과적입니다.

우선 과목별로 시험지를 살펴보면서 틀린 문제의 원인을 생각해봅니다. 보통 수업을 제대로 듣지 않아서, 공부를 하지 않고 넘어가서, 개념에 대한 이해가 부족해서, 전체적인 내용의 이해가 부족해서, 암기가 부족해서, 문제를 잘못 읽은 단순 실수라서, 문제 이해를 제대로 못해서, 문제의 응용력이 부족해서, 기초 학습이 부진해서 등입니다.

노트나 연습장에 이런 항목으로 표를 만들어서 과목별로 몇 문제나 해당되는지 살펴보면 원인 분석이 끝납니다. 분석 결과를 바탕으로 다음 시험을 생각하면서 칭찬과 격려, 소감과 반성이 담긴 자유로운 글을 쓰면 '시험일기'가 완성됩니다.

서로 경쟁하는 스포츠 경기를 보면 시합 전에 누가 이길지 예측이 가능한 경우가 많습니다. 선수들의 눈빛만 봐도 얼마나 준비가 잘되어 있는지 알 수 있기 때문입니다. 손자병법에도 '전쟁은 치르기 전에 승패가 이미 결정 나있다'라는 말이 있습니다. 시험도 마찬가지로 시험을 보기 전에 이미 성적은 결정되어 있습니다.

시험이라는 것은 결과를 확인하는 절차에 불과합니다. 시험에서 좋은 성과를 거두려면 시험의 특성을 알고, 그 특성에 맞는 방법으로 철저하게 준비하는 것이 바람직합니다. 모든 학생이 만점 시험지를 휘날리는 기쁨을 맛볼 수 있을 거라 믿습니다.

활동시트
시험계획 습관만들기

년 (   ) 시험 계획표

월	화	수	목	금	토	일
	1	2	3	4	5	6
7 D-16	8 D-15	9 D-14	10 D-13	11 D-12	12 D-11	13 D-10
영어	과학	수학	국어	사회	영어 (취약 단원) 국어, 과학, 사회 1차 정리 (교과서 정리 요약, 자습서 개념 문제)	수학 (취약 단원)
14 D-9	15 D-8	16 D-7	17 D-6	18 D-5	19 D-4	20 D-3
영어 (문제풀이)	수학, 사회 (문제풀이)	영어, 과학 (문제풀이)	국어, 수학 (문제풀이)	영어 (취약단원) (문제풀이)	수학 (취약단원) (문제풀이)	국어, 과학, 사회 2차 정리 (문제풀이)
21 D-2	22 D-1	23 기말고사	24 기말고사	25	26	27
오답 확인	전체 정리	국어, 과학, 수학, 사회 영어 정리	영어			
28	29	30	31			

기말고사 시험 스케줄러

주간 계획표	6/1	6/2	6/3	6/4	6/5	6/6	6/7
국어	(교과서) 18~19시		(교과서) 18~19시		(교과서) 18~19시		
	67~72쪽		76~77쪽		67~77쪽		
영어		(문제집) 19~20시		(문제집) 19~20시		(틀린 문제 재확인) 9~11시	(틀린 문제 재확인) 9~11시
		29~33쪽		33~42쪽		29~42쪽	45~62쪽
수학		(3단원 교과서) 18~19시		(4단원 교과서) 18~19시		(3,4단원 교과서 복습) 13~14시	(3,4단원 문제집 풀기) 13~14시
		80~90쪽		90~100쪽		80~100쪽	40~60쪽
과학	(교과서) 21~22시		(교과서) 20~21시		(교과서) 20~21시	(교과서 정독) 15~17시	(문제집 풀기) 15~17시
	42~47쪽		48~52쪽		52~59쪽	42~59쪽	25~40쪽
사회				(3단원) 21~22시	(4단원 읽기) 21~22시		(3,4단원 문제 풀기) 11~12시
				67~72쪽	72~81쪽		60~72쪽

〈연습해보기〉

년 (   ) 시험 계획표

월	화	수	목	금	토	일
	1	2	3	4	5	6
7	8	9	10	11	12	13
14	15	16	17	18	19	20
21	22	23	24	25	26	27
28	29	30	31			

〈연습해보기〉

	주간 계획표						
	/	/	/	/	/	/	/
국어							
영어							
수학							
과학							
사회							

CHAPTER 08

완전학습을 위한 과목별 학습법

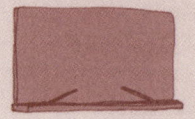

- 국어 학습법
- 영어 학습법
- 수학 학습법
- 사회 학습법
- 과학 학습법

국어 학습법

국어 공부를 소홀히 하면 어휘력과 이해력이 부족해지기 때문에 국어뿐만 아니라 다른 과목의 공부까지 힘들어지게 됩니다.

국어 과목을 배우는 목적은 우리가 사용하는 말과 글을 통해 다른 사람들과 의사소통을 잘하고, 책의 내용을 잘 이해하며, 글을 잘 쓰기 위해서입니다. 국어를 잘하려면 효과적이고 올바른 국어 사용 방법을 배워서 다른 사람의 말이나 글을 잘 이해하고, 자신의 생각과 느낌을 창의적으로 표현하는 능력을 키워야 합니다.

그런데 평소에 별 생각 없이 사용하는 우리말이라서, 읽고 쓰는 것에 큰 문제가 없어서 특별히 공부해야 한다는 생각을 하지 못하는 경우가 많습니다. 특히 고학년으로 갈수록 학습에 대한 부담이 상대적으로 큰 영어나 수학에 밀려 점점 더 국어 공부는 소홀해집니다. 이렇게 국어 공부를 소홀히 하면 어휘력과 이해력이 부족해지기 때문에 국어뿐만 아니라 다른 과목의 공부까지 힘들어지게 됩니다.

모든 공부의 기초가 되는 국어 실력 쌓기

영어와 수학 실력이 뛰어나더라도 국어 실력이 부족하면 문제를 제대로 이해하지 못해 틀리는 경우가 생깁니다. 국어는 모든 과목의 기초가 되고 가장 중요한 과목이므로 특별히 신경 써서 공부를 해야 합니다. 그렇다면 국어 공부를 잘하는 방법은 무엇일까요?

가장 좋은 방법은 '책읽기'입니다. 만약 책 읽는 습관이 부족하다면 우선 짧고 재미있는 책을 골라 읽으면서 책에 대한 거부감을 없애야 합니다. 하지만 쉬운 책만 보면 사고력과 어휘력 향상에 도움이 안 되므로 책읽기가 익숙해지면 조금씩 어렵고 분량이 많은 책을 읽는 것이 좋습니다. 책을 읽으면서 모르는 단어나 내용이 나오면 우선 뜻을 추측해가면서 읽어보고, 글을 다 읽은 다음 사전을 찾아보면서 처음에 생각했던 단어의 뜻이 맞는지 확인합니다. 사전을 찾으면 몰랐던 내용을 정확하게 이해할 수 있고, 기억도 더 잘 됩니다.

책을 읽은 다음에는 '말하기와 듣기' 능력을 키우기 위해 친구나 가족들과 함께, 읽은 내용에 관해 이야기를 나눠보는 것이 좋습니다. 자신이 재미있었던 부분과 친구가 재미있었던 부분을 서로 비교하면서 다른 생각을 알 수 있고 다양한 시각으로 책 내용을 살펴볼 수 있습니다. 그리고 친구에게 내 의견을 말하면서 생각을 표현하는 방법도 익힐 수 있습니다.

책을 읽고 난 후에는 '쓰기' 능력을 키우기 위해 자신만의 독후감을 쓰는 것이 좋습니다. 책을 읽으면서 여러 가지 질문을 던지면 효과적인데, '글 쓴 사람이 말하고자 하는 것은 뭘까?', '이 글에서 가장 좋았던 부분은 어디일까?', '책의 주인공은 왜 이런 말과 행동을 했을까?' 등 핵심을 파악하는 데 도움이 되는 질문이 좋습니다.

글쓴이는 자신이 얘기하고 싶은 생각을 글로 옮겨서 읽는 사람이 알아주길 원하므로, 책을 읽을 때 글쓴이와 책을 통해 대화한다고 생각하면서 집중하면 많은 것을 얻게 됩니다. 이런 과정을 거치며 작성한 독후감을 블로그나 홈피에 올리면 친구들이나 다른 사람들에게 읽은 책을 소개할 수 있고, 글을 통해 더 많은 사람과 토론도 할 수 있습니다.

글쓰기를 잘하려면 일기 쓰기가 가장 효과적입니다. 선생님이나 부모님이 시키니까 귀찮을 수도 있지만, 어차피 해야 한다면 국어 실력에 도움이 된다고 생각하면서 매일 꾸준히 써야 합니다. "피할 수 없는 고통이라면 즐겨라", "천재는 노력하는 사람을 이길 수 없고, 노력하는 사람은 즐기는 사람을 이길 수 없다"는 말을 떠올리며, 일기 쓰기를 즐긴다면 글쓰기 실력이 향상되는 것을 확인할 수 있을 겁니다.

국어 실력을 향상시키는 10가지 비법

① 국어는 말하기, 듣기, 읽기, 쓰기, 국어 지식, 문학 등 여섯 가지 분야로 이루어진다는 것을 알아야 합니다.

② 책 읽기와 일기 쓰기가 국어 실력의 기본이 된다는 것을 알아야 합니다.

③ 국어 공부의 핵심은 중심 내용을 체계적으로 정리하고 요약하는 것인데, 단락 요약하기와 독후감 쓰기가 도움이 됩니다.

④ 국어 실력은 어휘력과 한자력, 독해력과 음독력으로 알 수 있습니다.

⑤ 개념이 중요하기 때문에 용어를 외워야 합니다.

⑥ 지문을 잘 읽고 핵심 단어를 찾는 연습을 해야 합니다.

⑦ 명확한 의사소통을 위해 이해의 틀을 만들고, 육하원칙에 따라 말하는 연습을 합니다.

⑧ 어휘를 많이 알기 위해 사전을 취미처럼 자주 읽고, 한자를 암기하며, 비슷한 말과 반대되는 말, 속담과 관용 표현 등을 익힙니다.

⑨ 자신의 생각을 글로 명확하게 표현하기 위해 맞춤법과 조사 등 문법을 알아야 합니다.

⑩ 가족이나 친구와 함께 퀴즈를 풀면서 공부를 하면 재미가 있습니다.

영어 학습법

외국어를 처음부터 잘하는 사람은 없습니다. 틀리는 것을 당연하다고 생각해도 안 되겠지만 완벽해야 한다는 마음을 버리는 것이 실력을 향상시키는 비결입니다.

국어와 마찬가지로 영어도 언어를 배우는 것이므로 일상생활 속에서 꾸준히 연습과 훈련을 반복하는 것이 중요합니다. 하지만 국어와는 달리 영어는 외국어이기 때문에 영어 환경을 만들기가 어려워서 부담이 큽니다. 따라서 영어를 잘하기 위해서는 우선 재미있고 즐겁게 공부하는 것이 중요합니다.

영어에 대한 관심과 흥미를 느낄 수 있는 영화와 노래, 게임을 통해 영어와 친해져야 합니다. 영화를 볼 때는 자막 없이 보는 것이 좋은데, 모르는 단어나 내용이 나오더라도 의사소통에는 큰 문제가 되지 않으므로 자신감을 갖고 봐야 합니다. 영어를 배울 때도 우리말을 익히듯이 자신감을 갖고 꾸준히 하는 것이 비결 중의 하나입니다.

영어로 된 책을 읽을 때는 자신의 수준을 고려해서 너무 높거나 낮은 책을 선택하지 않도록 주의합니다. 처음에는 한글과 영어가 함께 있는 친숙한 내용의 책을 읽고, 이어서 그림이 많고 쉬운 영어책을 읽습니다. 좀 더 영어 책에 익숙해지면 조금씩 글이 많은 책을 고르면 됩니다. 책을 읽을 때는 단어 하나하나보다는 전체적인 내용과 의미에 집중하는 것이 좋습니다.

자신 있게 공부하는 것이 중요한 영어 실력 쌓기
영어 공부를 할 때 가장 어려움을 느끼는 것이 단어 암기입니다. 우선 일상생활에서 자주 반복되는 단어 중심으로 익힌다면 부담을 줄일 수 있습니다. 보통 2,000~3,000개의 단어만 알면 영어로 대화하는 데 큰 어려움이 없다고 하는데, 하루에 10개씩 1년 동안만 외우면 충분히 가능한 양입니다.

단어를 암기할 때는 발음과 철자를 함께 익히는 것이 중요한데, 노트에 적기만 하는 것보다는 노트에 적으면서 눈으로 보고, 발음까지 하면서 귀로 들으면 기억의 효과를 높일 수 있습니다. 암기카드를 활용하면 더욱 효과적인데, 앞에는 단어숙어나

문장, 뒤에는 발음과 뜻, 설명을 적는 것이 좋습니다.

영어 듣기는 많이 듣는 것이 중요한데, 약 3,000시간 정도 들으면 바로 이해가 가능한 상태가 된다고 합니다. 3,000시간은 생각보다 많은 시간이므로 꾸준히 노력하는 것이 필요하고 긴 시간 동안 흥미를 잃지 않은 것이 중요합니다. 영어 동요나 팝송을 따라 부르며 즐겁게 듣기 공부를 하는 것도 좋은 방법입니다.

쓰기 연습은 영어 일기 쓰기가 가장 좋은 방법입니다. 하루에 한 문장이라도 영어로 써보도록 노력하는 것이 중요합니다. 특히 그날 암기한 단어를 활용해서 문장을 써보는 것이 복습의 효과를 함께 거둘 수 있으므로 바람직합니다. 말하기는 영어에 대한 자신감을 갖기 위해 큰 소리로 자주 말하는 것이 중요합니다. 외국어를 처음부터 잘하는 사람은 없습니다. 틀리는 것을 당연하다고 생각해도 안 되겠지만 완벽해야 한다는 마음을 버리는 것이 실력을 향상시키는 비결입니다.

영어 실력을 향상시키는 10가지 비법

①영어를 잘하려면 영어로 말하기, 듣기, 읽기, 쓰기 환경을 만들어서 몸에 익을 때까지 반복하는 것이 핵심입니다.

②영어는 재미있게 공부하는 것이 중요하므로 실수를 부끄러워하지 말고 수업시간이나 대화할 때 적극적으로 참여해야 합니다.

③머리로만 생각하지 말고 큰 소리로 자주 말하면 듣는 연습과 함께 스스로 발음도 교정할 수 있습니다.

④영어로 된 글을 읽을 때는 단어나 문법을 하나씩 따지기보다는 문장 전체를 읽고 흐름을 파악한 후에 뜻을 음미하는 것이 좋습니다.

⑤영어책을 읽기가 부담스러우면 영어신문을 읽거나 이메일이나 편지로 펜팔을 만들거나 영어 만화책을 읽어도 좋습니다.

⑥단어 따로, 문법 따로 외우기보다는 문장 속에서 문법과 단어가 어떻게 살아 움직이는지 파악해야 합니다.

⑦자신의 수준에 맞는 스토리 북과 리딩 교재를 이용해서 듣기와 말하기 연습을 하는 것이 좋습니다.

⑧평소에 자주 하는 말을 영어로 번역해서 자신만의 영어회화 테이프를 만들면 효과적으로 문장을 익힐 수 있습니다.

⑨가능한 영어 실력이 뛰어난 친구를 사귀어서 영어를 사용할 기회를 많이 만드는 것이 좋습니다.

⑩무엇보다 영어로 생각하는 틀을 갖추고 영어 감각을 익히는 것이 중요한데, 영어권 문화를 함께 공부하면 도움이 됩니다.

수학 학습법

수학적 사고력을 키우려면 어려운 문제를 쉽게 포기하지 않고 끈질기게 물고 늘어지면서 스스로 해결하는 노력을 기울여야 합니다.

수학은 벽돌을 하나씩 쌓아올리듯이 공부해야 하는 과목이므로 기초가 튼튼하지 않으면 상급 학년의 내용을 이해하기 어렵습니다. 특히 4학년부터 내용이 많이 어려워지기 때문에 매일 꾸준히 공부를 해야 합니다.

그런데 문제만 열심히 많이 푼다고, 공부한 양이 많다고 쉽게 성적이 오르는 것은 아닙니다. 수학은 원리를 이해하는 것이 가장 중요합니다. 원리의 핵심인 개념과 공식을 공부할 때 귀찮다고 생각해서 대충 알고 넘어가거나 제대로 확인하지 않으면 금방 티가 납니다. 따라서 수학은 다른 어떤 과목보다도 기초를 철저하게 다져야 합니다.

기초를 다지기 위한 가장 좋은 교재는 교과서입니다. 교과서의 학습 목표는 그 단원에서 꼭 알아야 할 내용이 뭔지 알려주고, 교과서의 내용은 그 학습 목표를 달성하기 좋은 원리와 문제들로 구성되어 있습니다.

따라서 처음부터 문제만 푸는 것보다는 새로운 내용을 배우거나 이해가 잘 안 되는 부분이 있을 때는 교과서를 제일 먼저 보는 것이 좋습니다. 문제집은 교과서의 내용을 모두 이해하고 나서 문제 유형을 익히고 응용력을 키우기 위해 보는 것입니다.

원리를 이해해야 하는 수학 실력 쌓기

초등 저학년 때 주로 배우는 연산은 수학의 기본입니다. 숫자와 친해지고 수에 대해 이해하는 훈련을 통해 연산을 잘하게 되면 다른 수학 단원도 잘할 수 있습니다. 왜냐하면 수학은 숫자와 기호로 된 언어이기 때문입니다. 숫자와 기호를 자유자재로 다룰 수 있도록 다양한 방법으로 연산 훈련을 하는 것이 좋습니다.

학년이 높아질수록 문제가 어려워지므로 연산 능력이 뛰어나면 문제를 빨리 풀 수 있어 시간을 절약할 수 있습니다. 그런데 연산력은 속도와 함께 정확도가 중요합니다. 따라서 계산을 다 하고 난 뒤에는 꼭 검산하는 습관을 들여야 합니다. 하지만 중·고등학생이 되면 연산력은 기본이고, 점차 사고력이 중요해집니다. 수학적 사고력을 키우려면 어려운 문제를 쉽게 포기하지 않고 끈질기게 물고 늘어지면서 스스로 해결하는 노력을 기울여야 합니다. 그리고 다양한 문제를 많이 푸는 것보다 한 문제를 여러 가지 방법으로 푸는 것이 문제 해결력과 수학적 사고력을 키우는 비결입니다.

수학의 테마 중에서 도형은 많은 친구들이 어려워하는데, 실제 물건을 갖고 활용하는 것이 좋습니다. 책에 있는 그림만 보고 이해하기보다는 실제 입체로 된 도형을 보고 교과서의 그림과 비교하면서 생김새를 관찰하고 문제를 풀어봅니다. 이런 과정을 통해 도형의 특성을 이해하면 자연스럽게 공간 지각능력이 커집니다.

수학을 어려워하는 친구들은 수학의 원리들을 재미있게 풀어서 설명하는 동화책이나 만화책을 읽으면 도움이 됩니다. 그리고 수학 원리를 익히면서 훈련할 수 있는 다양한 퍼즐이나 게임을 활용해도 좋습니다. 먼저 숫자나 기호와 친해지고 나서 수학의 원리를 재미있게 배운 다음에 교과서를 중심으로 차근차근 공부를 해나가면 수학을 잘하게 될 겁니다.

수학 실력을 향상시키는 10가지 비법

①수학은 논리적 사고력을 키우는 데 도움이 되므로 다른 과목도 잘할 수 있는 기본 능력을 갖출 수 있고, 고리 학습의 구조로 되어 있으므로 각 단계를 반드시 알고 넘어가야 다음 단계를 이해할 수 있다는 특성을 알아야 합니다.

②개념과 원리를 먼저 이해한 후에 공식을 암기해두면 빠르고도 정확하게 문제를 풀 수 있습니다.

③자신의 수준에 맞는 문제집을 선택해서 다양한 문제를 풀면서 실력을 다져야 합니다.

④문장제 문제는 그림으로 바꾸면 이해가 쉽고, 복잡한 문제는 의미 단위로 끊어서 읽으면서 내용을 정확히 이해해야 합니다.

⑤도표, 그래프와 친해져야 하며 수학적 사고에 필요한 언어력을 발달시키기 위해 노력해야 합니다.

⑥사칙연산을 할 때는 자릿수를 맞추는 것이 중요하고, 특히 나눗셈은 어림짐작으로 계산해봐야 합니다.

⑦모르는 것은 반드시 이해하고 넘어가야 하고, 원리를 깨우쳐야 하며, 실생활에 적용해보는 것이 좋습니다.

⑧문제를 풀 때는 자신의 힘으로 먼저 해결해본 다음에 교과서나 문제집의 풀이과정과 정답을 확인합니다.

⑨어려운 문제라도 반드시 정답이 있으므로 자신감을 잃

지 말고 끝까지 도전하는 자세가 필요합니다.
⑩단원별로 조그만 노트를 하나씩 만들면 효과적이고, 여러 문제집을 묶어서 자신만의 문제집을 만드는 것이 좋습니다.

사회 학습법

사회를 보통 암기 과목이라고 말하는데, 무작정 외우기보다는 '원인과 결과'를 중심으로 이해하면서 암기해야 합니다.

　　사회는 우리 실생활과 가까운 내용이 많으므로 사회를 배우기에 가장 좋은 장소는 생활 현장입니다. 백화점과 마트, 편의점을 이용하면서 경제 개념을 배울 수 있고, 어른들과 얘기하면서 정치와 역사에 대해 배울 수도 있으며, 가족들과 여행을 하면서 지리와 문화에 대해 배울 수도 있습니다. 일상생활에 관심을 두고, 우리 사회가 어떻게 만들어지고 변하는지 살펴보면 사회 공부에 많은 도움이 됩니다.

　　사회 공부를 할 때는 뉴스나 신문을 보면 좋습니다. 뉴스가 나오면 자신과 상관없는 얘기라고 생각하고 채널을 돌리기 쉽겠지만, 뉴스를 통해 우리 사회에서 일어나는 다양한 사건을 접할 수 있으며, 여러 가지 정치, 경제, 사회, 문화 관련 정보도 얻을 수 있습니다. 기사를 보면서 왜 그런 일이 일어났는지, 어떻게 진행되고 마무리가 되는지 생각하면 좋습니다. 이해가 어렵다면 아이들의 수준에 맞는 기사로 구성된 어린이 신문을 보는 것도 좋습니다.

일상생활이 공부가 되는 사회 실력 쌓기

사회는 과거, 현재, 미래의 일에 관해 배우는 것이므로 역사를 제대로 알아야 합니다. 역사를 주제로 한 만화책과 동화책을 읽을 때는 전체적인 내용을 파악한 다음, 관심이 가는 사건 위주로 자세하게 읽는 것이 좋습니다. 사회를 보통 암기 과목이라고 말하는데, 무작정 외우기보다는 '원인과 결과'를 중심으로 이해하면서 암기해야 합니다.

사회를 이해하려면 교과서에 나오는 사진이나 도표, 지도를 잘 활용해야 합니다. 각 자료는 많은 내용을 담고 있으므로 여러 가지 시각 자료를 활용하면 더 쉽고 재미있게 공부할 수 있습니다. 다양한 체험활동도 도움이 되는데, 유적지와 같은 역사적인 의미가 담긴 곳을 가족들과 함께 여행한다면 수업시간에 배웠거나 앞으로 배울 내용에 관해 좀 더 생생하고 확실하게 이해할 수 있습니다.

　주말이나 방학을 활용해 우리나라의 각 지역을 여행하면서 지리를 익히고 각 지역의 풍속과 문화를 파악하는 것도 많은 도움이 됩니다. 캠프나 테마 교육 프로그램에 참여해 공동체 생활을 해보면 직접 피부로 사회를 체험하게 됩니다.

　이런 활동 후에는 감상문을 통해 배운 내용을 정리하는 습관을 들여야 합니다. 궁금한 사항이나 이해가 잘 안 되는 부분은 백과사전이나 인터넷을 활용하고, 사진이나 기사를 따로 모아서 스크랩 형태로 보관하거나 블로그와 홈피에 올려서 정리해두면 나중에 수업에서 그 내용을 만났을 때 훨씬 이해가 잘 될 겁니다.

사회 실력을 향상시키는 10가지 비법

①사회는 '나'부터 시작해서 전 세계로 범위를 넓혀가는 나선형 학습이므로 먼저 흐름을 아는 것이 중요합니다.

②과거를 통해 현재의 사회 현상을 살펴보고, 현재를 통해 미래의 사회 문제에 대한 해결책을 살펴보기 위해 일상에서 일어나는 여러 가지 일들에 관심을 가져야 합니다.

③테마 활동을 통한 직접 체험과 참고 서적을 통한 간접 체험이 곁들여졌을 때 내용에 대한 이해도를 높일 수 있습니다.

④평소 신문을 보면서 관심 있는 분야의 기사를 꼼꼼히 읽거나 뉴스를 보면서 궁금한 사항이 있으면 물어봅니다.

⑤사회는 원인과 결과를 아는 것이 중요하므로 어떤 현상이든지 '왜?'라는 의문을 갖고 접근하는 것이 중요합니다.

⑥배우는 내용과 관련 있는 다양한 책들을 읽고, 핵심단어를 찾은 후에 그 핵심단어들을 교과서의 흐름에 맞춰서 하나씩 연결하는 것이 좋습니다.

⑦흐름을 이해하기 위해 목차를 중심으로 교과서를 여러 번 읽고, 참고서도 적극적으로 활용하는 것이 좋습니다.

⑧표, 그림과 친해지기 위해 노력하고 궁금한 내용은 사회과 부도, 백과사전을 찾아보면서 공부하면 사회가 더욱 재미있어집니다.

⑨사회는 내용을 비교하면서 공부하는 것이 효과적이고, 공부하는 내용과 비슷한 환경을 만들어보는 것이 좋습니다.

⑩교과서를 읽고 나서 참고서로 보충하고, 암기할 것은 암기하면서 핵심내용을 노트에 정리하며, 문제를 풀면서 자신의 실력을 다지는 것이 효과적입니다.

과학 학습법

과학에서 배우는 내용은 실험과 관찰을 통해서 얻게 된 결과인 만큼 수업시간에 배우는 이론적인 내용을 단순히 보고 듣는데서 그치지 말고, 실험이나 관찰을 통해 실제로 보고 느끼는 것이 중요합니다.

초등학교에서 배우는 과학은 일상생활에서 과학 원리를 쉽게 배울 수 있도록 구성되어 있습니다. 따라서 실생활에서 과학적 원리와 관련된 현상들을 주의 깊게 관찰하는 습관이 필요합니다.

과학에서 배우는 내용은 실험과 관찰을 통해서 얻게 된 결과인 만큼 수업시간에 배우는 이론적인 내용을 단순히 보고 듣는데서 그치지 말고, 실험이나 관찰을 통해 실제로 보고 느끼는 것이 중요합니다. 하지만 대부분 학교에서 모든 학생이 충분한 실험과 관찰을 할 수 있는 여건이 안 되어 있으므로 일상에서 해볼 수 있는 것은 해보고 어려운 것은 컴퓨터와 인터넷을 적극적으로 활용합니다.

다양한 실험과 관찰을 활용한 과학 실력 쌓기

인터넷에서는 교과서에 나오는 각종 내용을 동영상과 사진으로 볼 수 있고, 실험하는 과정이나 원리, 실험 도구의 특징 등에 대해서도 자세히 알 수 있습니다. 그리고 실험 장치를 직접 설치하고 결과를 확인해볼 수 있기 때문에 직접 실험하는 것과 비슷한 재미와 즐거움을 느낄 수 있습니다.

실험과 관찰을 열심히 하더라도 과학은 쉽지 않습니다. 왜냐하면 과학 용어가 어렵고, 내용이 복잡하기 때문입니다. 과학용어는 한자어가 많기 때문에 평소에 한자 공부를 꾸준히 해야 합니다. 잘 모르는 용어가 나올 때는 사전을 찾아보면서 용어를 구성하는 각 한자의 뜻을 알면 이해하는 데 도움이 됩니다.

과학 법칙을 이해하려면 단순 암기보다는 그런 법칙이 나오게 된 배경과 이유를 확실히 파악하는 것이 좋습니다. 이런 내용은 교과서보다 과학책을 통해서 더 자세히 알 수 있는데, 서점이나 도서관에서 찾아보면 됩니다.

책을 통해 유명한 과학자의 이야기나, 신기한 과학현상, 옛날이나 미래의 이야기들을 자세하게 접할 수 있습니다. 과학 관련 책을 많이 읽으면 원리를 제대로 알고, 재미도 느낄 수 있으므로 학교 공부도 쉽게 할 수 있습니다.

과학은 단원의 내용이 전체적으로 연결되어 있으므로 어려운 내용도 있고 쉽게 풀리는 내용도 있습니다. 따라서 각 단원의 핵심 원리와 기본 개념을 완벽히 이해하려고 노력해야 하는데, 가르치기를 이용한 공부가 큰 도움이 됩니다. 누군가를 가르친다는 것은 쉽지 않은 일입니다. 왜냐하면 가르치려면 완벽하게 이해해야 하기 때문입니다. 따라서 가르치기 위해서 공부하면 집중할 수 있고 이해되지 않았던 내용도 쉽게 정리되고 이해가 되는 장점이 있습니다.

과학 실력을 향상시키는 10가지 비법

①과학은 창의성 교육이고, 관찰한 것과 법칙, 원리와 응용이라는 4가지 틀로 이루어지는 공부입니다.

②과학은 분야별 심화학습이므로 어떤 단원을 배울 때 심도 있게 공부해두면 다시 그 분야를 반복할 때 쉽게 느껴집니다.

③수업시간에 배울 내용을 미리 예습하거나 관련 동식물이나 사물을 접해두면 이해하는 데 많은 도움이 됩니다.

④이해가 잘 안 되는 어려운 문제는 교과서나 참고서, 문제집을 뒤져서 노트에다 제목과 함께 메모를 해둡니다.

⑤처음 보는 유형의 문제는 시험에 나올 것 같은 모범 문제를 하나 정해서 풀이과정과 답을 통째로 외워둘 필요가 있습니다.

⑥여러 가지 참고서를 뒤적이기보다는 한 가지 참고서를 끝까지 제대로 마치는 것이 좀 더 효과적입니다.

⑦그날 배운 것은 그날 이해하도록 노력하고, 모르는 것이 있으면 질문을 통해 해결해야 합니다.

⑧실험한 내용을 정리할 때는 구체적인 실험 방법, 실험 결과, 실험을 통해 알 수 있는 것 순서로 하는 것이 좋습니다.

⑨한자어나 영어로 된 어려운 과학 용어는 쉬운 우리말로 바꿔서 그림과 함께 익히면 이해하는 데 도움이 됩니다.

⑩교과서를 본 다음에 참고서로 보충하고, 어려운 과학 용어를 따로 메모한 후에 핵심을 노트에 정리하며, 문제를 풀면서 실력을 다지고 오답 노트에 틀린 문제를 정리하면서 확인합니다.

제4부

학습 코칭 사례_
정말 성적이
쑥 올랐어요

동기부여를 변화를 위한 '마법'이라고도 말합니다.
어떤 사람은 아주 어릴 때 동기부여가 되는 경우도 있고,
또 어떤 사람은 죽을 때까지도 동기부여가 안 되는 경우도 있습니다.
아직 학생이니 앞으로 기회는 무궁무진합니다.
자녀에 대한 변함없는 사랑으로 지켜봐 주시면 됩니다.

수학 문제 푸는 게 정말 싫어요
-6학년 지은-

공부만 잘하면 엄친아
-5학년 민수-

수학 문제 푸는 게 정말 싫어요

-6학년 지은-

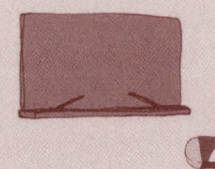

처음 만난 지은이는 6학년에 막 올라간 예비숙녀였다. 엄마 옆에 꼭 붙어 자신에 대한 얘기가 나오자 얼굴 가득 불만을 품고 앉아 있었다. 지은이의 문제는 수학을 유난히 싫어한다는 데 있었다. 다른 과목은 큰 문제가 없는데, 수학 문제만 보면 짜증을 낸다는 것이다.

3학년 때, 1년 동안 외국에서 생활했는데, 다시 돌아온 뒤부터는 진도를 맞추지 못하고 점점 뒤떨어지더니 이제는 완전히 흥미를 잃어버린 거 같다는 게 엄마의 말이었다.

일단 학습법 테스트를 해보니 건강관리, 환경관리 같은 기초적인 부분은 좋은 편이었지만, 학습관리, 시간관리, 집중력, 이해력, 기억력 등에서는 점수가 낮았다. 무엇보다 시간관리와 집중력 부분은 빠른 개선이 필요할 정도였다.

코칭 1단계
학습상황 및 학습상태 분석

　학교, 학원, 학습지 등 지은이의 현재 학습상황을 분석 및 기록해 현재 학습량과 성취도를 판단했다. 정신관리, 건강관리, 환경관리, 학습관리, 시간관리, 집중력, 이해력, 암기력, 정리의 기술, 시험의 기술을 토대로 한 10가지 영역의 학습법 테스트를 통해 지은이의 학습상태 및 능력을 점검했다.

　그리고 마지막으로 아이가 하고 싶은 것, 좋아하는 것, 싫어하는 것, 좋아하는 과목, 싫어하는 과목, 자신 있어 하는 일, 자신 없어 하는 일, 장점, 단점 등을 정리하게 했다.

지은이의 학습 습관
　평소 지은이는 매일 방과 후 학원에 다녔다. 영어와 수학을 다녔기 때문에 8~9시까지는 학원에 있었다. 하지만 책읽기를 유달리 좋아하는 지은이는 학원에 시간을 너무 많이 빼앗기고 있다고 생각해 거부감이 컸다.

　성격이 밝고 활발한 편인 지은이는 반 친구들과 잘 어울렸고, 학급활동에도 적극적이었다. 친구들이 많아 항상 문자메시지나 전화가 많이 오는 편이고, 때로 밤늦게까지 친구와 통화를 하는 때도 있어, 아침에 일어나지 못하기도 한다.

부모님과의 사이가 원만해 주말에는 대부분 가족이나 그동안 어울리지 못했던 친구들과 만나느라 바쁜 경우가 많다.

지은이가 생각하는 자신의 상태

- 평균 80점 정도를 유지하는데, 수학 때문에 많이 떨어진다고 생각함.
- 학원 숙제가 너무 많고 스스로 시간을 잘 활용할 줄 모른다고 생각함. 특히 학원 숙제가 많아 늦게까지 숙제에 매달리다 늦게 잠이 드는 때는 아침에 일어나지 못해 힘들어함.
- 남의 눈을 많이 의식하는 성격이라 지각을 하거나 선생님께 꾸중을 듣는 것을 아주 싫어함.
- 활동적인 걸 좋아해서 체육, 미술, 음악 과목 등에 특히 흥미를 느낌. 책읽기를 좋아해 국어나 사회 과목도 좋아함.

코칭 방안

가족과의 관계 재설정

아무 문제가 없는 것처럼 보이던 화목한 가정이지만 지은이는 남모를 상처가 있다. 그건 바로 엄마가 자신을 남동생과 비교를 너무 많이 하는 것이다. 특히 동생보다 못하다는 말은 들을 때마다 마음에 상처로 남아 그 후유증이 며칠씩 이어지는 것이다. 이럴 때면 마음이 심란해 공부고 뭐고 모두 싫어지고 만다.

개성이 서로 다른 형제 사이의 비교는 하지 말아야 한다. 더구나 누나를 동생과 비교한다면 아이는 자존심까지 다치는 결과를 낳기 때문이다. 아이의 개성과 잘하는 점만을 부각시켜 칭찬하고, 특히 시간 조정을 잘해낼 때마다 칭찬해준다면 점점 달라지는 습관을 볼 수 있을 것이다.

학습 지도

지은이가 비록 수학은 뒤처졌지만 다른 과목에서는 꾸준히 성적을 올리고 있기 때문에 이런 경우, 부모의 다그침보다는 믿음과 격려가 절대 필요하다. 지은이가 부담스러워하는 시간 가운데 큰 비중을 차지하는 게 학원 시간이라 2과목에서 1과목으로 줄여 시간 비중을 줄이도록 했다.

엄마가 할 일

아이와 진솔한 대화를 통해 엄마가 생각하는 아이의 학습상황 및 상태와 아이가 생각하고 있는 상태의 서로 다른 부분을 파악하는 게 중요합니다. 다른 부분에 대해서는 왜 그런지 서로 의견을 나누며 개선점을 함께 만들어가는 것이 좋습니다. 이때 아이를 주눅이 들게 하거나 강압에 의해 무리한 계획을 짜는 것은 좋지 않으며, 편안한 분위기를 조성하고 아이의 입장에서 들어주는 것이 중요합니다.

 **코칭 2단계**
학습 자신감 형성

활동적인 지은이에게 가장 필요한 것은 시간관리에 대한 중요성을 알게 하는 것이다. 시간을 효율적으로 나눠 쓸 수 있는 습관을 기르다 보면 지금보다 학습에 훨씬 더 자신감을 얻을 수 있을 것이다.

시간관리 습관
시간 사용 습관을 점검하고 개선점을 찾기 위해 시간사용 내역를 만들어보게 했다.

▶결과

시간사용 내역를 살펴본 결과 학원 한 곳을 줄여 집에서 보내는 시간이 많아졌는데도 그 시간을 그냥 흘려보내고 있었다. 시간사용 내역은 아이가 평소 미처 생각하지 못했던 부분들까지 시간을 어떻게 보내는지 상세히 알 수 있게 한다. 이를 통해 아이 스스로 자신이 하루 동안 어떤 일을 하는지 자연스럽게 알게 되며, 낭비하는 시간을 깨닫게 된다.

수업내용 떠올리기

학교 수업을 얼마나 충실히 잘 들었는지 수업내용을 기억해보게 했다.

▶결과

실제 수업내용을 제대로 기억하지 못하고 친구와 장난친 내용 등만 기억해내기에 수업내용을 떠올리는 훈련을 집중적 시작했다.

10여 일 후부터 학교 수업내용의 핵심 주제 및 내용을 기억해내기 시작하면서 점점 익숙해지고, 2주 정도가 지나자 학교 수업내용 중 과학, 사회와 같은 과목은 핵심내용을 자세히 기억해내기 시작했고, 수학 수업내용도 어떤 내용에 대해서 배웠는지 조금씩 기억하기 시작했다.

엄마가 할 일

수업내용을 떠올리게 하는 것으로 아이의 수업 집중도와 기억능력을 점검해볼 수 있으며, 자연스럽게 학교에서의 일들에 대해 엄마가 알 수 있게 되는 일석이조의 방법입니다.

수업내용 복습하기

학원에 다니는 시간과 학원 숙제, 학교 숙제 하는 시간 외에도 여유시간이 많지만 그냥 흘려보내는 시간이 많으므로 하루 30분을 정해 학교 수업 가운데 마음에 드는 과목으로 복습을 하도록 유도했다.

▶결과

처음엔 10분씩 복습하는 것도 쉽지 않았으나 3일 정도가 지나자 조금씩 익숙해지기 시작하고, 1주일 정도가 지나자 하루 30분씩 교과서 복습하는 것을 아주 잘 지키기 시작했다. 이때부터 교과서에 나와 있는 학습목표, 보충, 탐구활동, 그림, 도표 등을 꼭 함께 보도록 했다. 이렇게 30분이 익숙해지면, 1주일 후부터는 하루 1과목씩 교과내용을 복습하던 것을 2과목으로 늘였다. 이때 시간은 30분에서 1시간으로 정했다.

엄마가 할 일

학교 수업내용을 복습하는 것은 무엇보다 중요하므로 가장 신경을 많이 써야 될 부분입니다. 처음부터 무리하게 복습량을 정하면, 아이가 쉽게 포기하게 되므로 아이가 수긍하는 선에서 시작하는 것이 바람직합니다.

학습량을 정할 때는 엄마가 독단적으로 하는 것보다 아이와 대화를 통해 함께 정하는 것이 좋습니다.

생활습관 개선

불규칙한 생활습관을 바꿔 자는 시간을 일정하게 유지해 될 수 있으면 11시 전에 잠들어 숙면을 할 수 있도록 했다. 잠자기 바로 전에는 컴퓨터나 자극적인 영상물은 보지 않고, 지은이가 좋아하는 책을 20분 정도 읽은 후 편안한 마음으로 잠들기를 권했다.

▶결과

잠을 편하게 잔 다음부터는 아침에 깨는 게 쉬워지고, 수업에 집중하는 것 역시 더 쉬워졌다고 했다.

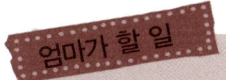

아이의 수면시간이 부족하거나 일정하지 않으면 집중력과 기억력이 크게 떨어질 수밖에 없어, 수업집중도에도 많은 영향을 미치게 됩니다. 평소 충분한 수면은 물론, 일정한 수면리듬을 가질 수 있도록 하는 것이 건강은 물론 학습능력을 향상하는 데 꼭 필요합니다.

공부에 대한 자신감 되찾기

가장 어렵게 생각하는 과목인 수학에 대한 생각을 바꿀 수 있도록 수학에 대해 재미있게 풀어쓴 책들을 하루 20~30분씩 읽도록 했다.

▶결과

책읽기를 좋아하는 지은이라 수학을 재미있는 이야기로 풀어놓은 책들을 읽으면서 수학이 복잡한 문제만을 푸는 게 아니라는 것을 이해하면서 조금씩 흥미를 느끼기 시작했다.

엄마가 할 일

아이가 특정 과목을 싫어한다면 책, 실험, 체험학습, 동영상, 전문가 상담 등을 통해 싫어하는 이유를 해결해 주는 것이 바람직합니다. 싫어하는 과목은 대부분 성적이 낮아 과목에 대한 자신감도 떨어져 있어 더 어렵게 느껴지기 때문에, 흥미를 느낄 수 있게 함과 동시에 할 수 있다는 자신감을 높이는 것도 필요하기 때문입니다.

암기카드의 활용

교과서를 복습하며 암기해야 되는 내용 중에 누적복습만으로 해결하기 어려운 내용은 암기카드를 만들어 공부하도록 했다. 카드는 하루에 2~3장 정도씩 만들어, 과목명, 날짜를 함께 기록하게 하고, 카드를 몇 번 암기했는지 누적복습 횟수를 3번까지 표시하게 했다.

 **코칭 3단계**
학습 성취감 형성

어느 정도 집에서 공부하는 것이 익숙해진 지은이의 학습시간이 조금씩 길어지자, 처음과 달리 엄마의 욕심이 커진 시기다. 처음에 얼마큼 공부할지 학습량을 정해놓고 공부하는데, 다 마치거나 조금 일찍 끝내게 되면 다른 공부를 더 하라고 해서 목표달성에 대한 성취감을 느끼지 못하게 되었다. 아직 완전학습 습관이 만들어지기 전이라, 아이가 지치면 쉽게 처음으로 다시 돌아갈 수도 있다. 이때 필요한 것은 아이가 성취감을 느낄 수 있도록 목표달성 이후엔 보상과 칭찬을 해주는 것이 더 좋은 방법이다.

반복 학습

교과서를 누적복습하는 것이 자연스러워졌으며, 교과서를 보는 능력도 많이 향상되어 보충, 탐구활동 및 그림 등을 자세히 보기 시작했다. 교과내용 복습 및 문제집 풀이, 영어단어 암기 등을 하는 시간을 하루 2시간으로 늘리도록 했다.

개념도 만들기

교과서에 밑줄을 치며 누적복습 확인을 하되, 소단원이나 중단원별로 하도록 하고, 익숙해지면 교과서의 핵심내용에 밑줄을 치며 개념도를 만들도록 했다.

이를 위해 우선 수업시간에 연필로 중요한 내용과 선생님이 강조한 내용에 밑줄을 치고, 혼자서 복습할 때는 다른 색으로 밑줄을 쳐 중요한 부분을 정리하는 습관을 익히게 했다.

수업내용 떠올리기

이제 수업내용을 떠올리는 것은 익숙한 단계에 접어들어 과학이나 사회 같은 과목은 핵심내용을 자세히 기억해내기 시작하고, 수학 역시 어떤 내용에 대해서 배웠는지 조금씩 얘기할 수 있게 되었다.

수업일기 작성하기

수업시간에 어떤 내용을 배웠는지 쉬는 시간을 이용해서 핵심내용 중심으로 간략하게 기록하는 수업일기를 작성하도록 했다. 수업일기를 작성하게 되면 쉬는 시간을 활용한 초기 단계의 5분 복습을 자연스럽게 익히게 된다. 매시간 핵심 주제를 적는데 걸리는 시간은 1분이면 된다.

일일 계획표 및 주간 계획표 작성

하루 시간사용 내역을 다시 작성하도록 했다. 난이도가 낮은 내용 중심의 일일 계획표로, 하루 4가지 목록 정도를 작성했다. 이때 간략한 주간 계획표 작성도 시도한다.

엄마가 할 일

일일 계획표를 처음 시작할 때는 최대한 목록 수를 적게 하고 간단히 기록하게 함으로써 아이가 계획을 짠다는 것이 어렵지 않은 일이라고 느끼게 하는 것이 중요합니다. 주간 계획표를 작성할 때는 우선 정해진 일과부터 써넣은 후 나머지 시간에 어떤 일을 할 것인지 채워 넣어 가면 쉽게 작성할 수 있습니다. 주간 계획표는 엄마의 욕심으로 계획만을 위한 계획표가 아닌, 아이가 질리지 않도록 휴식시간을 적절히 넣어주는 것이 좋습니다.

수학에 대한 흥미도 향상

수학 관련 도서들을 통해 수학에 대한 흥미가 생기기 시작한 지은이는 다른 과목의 성취도가 높아지면서 자신감을 얻자 수학 기피증 역시 점차 사라져, 수학을 대하는 태도는 물론 문제풀이 속도도 빨라졌다.

암기카드의 활용

암기카드 만드는 양이 늘어나 하루에 5~10장 정도씩 과목별로 골고루 만들어 암기하게 되었다.

코칭 4단계
완전학습 습관 형성

이제 완전학습이 습관으로 어느 정도 자리를 잡은 시기라면 단기 목표를 두고 자신의 실력을 가늠해보는 것도 자신감을 다지는 데 좋은 영향을 미친다. 기말고사나 중간고사 같은 시험을 목표로 설정해 스스로 계획을 짜 도전해보면, 성취감은 물론 눈에 띄는 성적 향상이라는 결과물을 통해 자신감이 높아질 것이다.

일일 계획표 및 주간 계획표 작성

할 일 목록의 수를 늘린 중간 단계의 일일 계획표를 작성해, 계획표대로 진행했는지 하지 않았는지를 점검하도록 했다.

▶결과

시험 대비 기간에도 학교 진도는 나가기 때문에 학교 수업의 복습과 시험공부를 함께할 수 있도록 계획표를 작성하고, 시험에 맞추어 주간 계획표를 다시 작성했다. 가족 외식, 친구 생일, 엄마와 함께 외출 등 특별한 경우를 제외하곤 주간 계획과 시험 스케줄 표에 맞추어 착실히 진도를 나갔다.

수업일기 작성하기

수업일기를 토대로 수업내용을 기억하기 시작하면서 하루 수업내용의 모든 핵심사항을 기억하게 되었다.

학습량 늘리기

집에서 공부하는 시간을 학원을 가는 날은 3시간, 가지 않는 날은 5시간으로 늘렸다.

교과서 복습 및 개념도 만들기

교과서로 하는 누적복습이 익숙해지고, 핵심단어를 스스로 찾기 시작해, 이를 연결해서 개념도를 만들어 보도록 했다.

시험기간에는 아이가 스트레스를 많이 받게 됩니다. 따라서 평상시 아이가 어떤 부분에서 스트레스를 받는지 확인해두었다가 시험기간만큼은 특별히 신경을 써서 스트레스를 받지 않는 환경과 분위기를 조성해주는 것이 필요합니다.

코칭 결과
시간관리와 기억력이 월등히 좋아진 지은

지은이는 기말고사에서 전 학기에 비해 평균 12점이 올라 평균 90점 중반 정도가 되었다. 하지만 점수보다 가장 중요한 건 공부에 대한 자신감이 생겼다는 점이다. 자신감은 수학에도 좋은 영향을 미쳐 스스로 수학 학원을 다니겠다고 말했다. 영어와 수학 학원을 다니면서도 혼자 하는 공부시간도 충분할 만큼 시간을 조절하는 능력이 생겼다.

소설이나 만화만을 보던 독서 습관도 위인전이나 기행문, 역사물 등의 책에 관심이 생겼으며, 시험이 끝난 후에는 스스로 오답을 확인해 교과서를 다시 복습하고 관련 내용을 찾아보게 되었다.

지은이에게 학습법 테스트를 다시 실시해본 결과 모든 영역이 골고루 높은 점수를 나타내게 되었고, 무엇보다 시간관리, 기억력 부분이 크게 향상되었다.

여전히 활기차고 밝은 지은이는 완전학습 습관이 몸에 배면서, 훨씬 더 공부에 대한 자신을 얻게 되었다.

공부만 잘하면 엄친아

-5학년 민수-

5학년인 민수는 어릴 때부터 운동, 음악, 미술 등을 고루 배워서 다방면에 재주가 뛰어난 남자아이다. 밝고 씩씩한 성격에 주관이 뚜렷한 편이라 고집은 있으나 심성이 착하고 부모님을 잘 도와드리는 것은 물론, 다른 사람도 잘 돕는 성실한 아이다.

모든 면에서 부러울 것이 없지만 유독 성적이 중하위권이라 걱정이 많이 된 민수의 엄마는 나름 민수의 문제를 분석한 결과, 공부 방법을 모르는 것이라고 결론을 내렸다. 그래서 그 방법을 알면 성적을 올릴 수 있을 거라는 생각에 필자를 찾게 되었다고 했다.

코칭 1단계
학습상황 및 학습상태 분석

민수의 학습법 테스트 결과 건강관리, 환경관리, 정신관리, 집중력 등 전반적인 부분에서 좋은 점수를 받았으나 기억력, 시간관리, 학습관리, 시험의 기술, 정리의 기술 등에서 점수가 낮았다.

하지만 건강하고, 정신력이 좋으며, 집중력 또한 높은 편이라 시간관리와 몇 가지 공부법만 잘 익히면 높은 성적 향상이 기대되었다.

민수의 학습 습관

영어와 수학 학원에 다니긴 했으나 뚜렷한 효과가 없어 현재는 어디도 다니지 않고 있다. 집에서 학습지를 하며, 주중엔 태권도장, 주말엔 축구, 야구 등 운동에 주로 시간을 투자하고 있다. 틈틈이 이모에게 악기 연주를 배우고, 사촌 누나와 그림을 그린다.

저녁에 일찍 자고 아침에 일찍 일어나며 뭐든 가리지 않고 잘 먹는 식습관으로 평소 생활태도는 물론 형과의 우애도 좋고 가족 간 대화도 많이 하는 화목한 가정이다.

민수가 생각하는 자신의 상태

- 성적은 평균 70점 정도이며, 좋아하는 과목은 음악, 미술, 체육, 과학 정도로, 나머지 과목은 특별히 싫어하진 않지만 학습 성취도는 낮은 편임.
- 공부를 하는데 가장 큰 어려움은 어떤 부분을 공부해야 할지 모르겠다는 것이고, 효율을 높이려면 어떻게 해야 되는지 궁금해함.

코칭 방안

성적을 올리고 싶은 욕심은 있어 습관을 잡아주고 시간을 관리하는 방법을 들이는 것이 필요하다. 또한 공부할 때 필요한 핵심이 무엇인지를 먼저 파악할 수 있는 능력을 키우는 것이 관건이라 학교수업을 충실히 듣는 연습이 가장 시급하다. 하고자 하는 의욕과 공부를 잘하고 싶다는 욕심까지 가지고 있는 민수라 쉽게 효과가 나타날 거라 기대한다.

공부를 잘하고 싶은 욕심이 있는 아이에게는 엄마의 칭찬과 격려는 무엇보다 효과가 좋은 학습동기부여 방법입니다. 긍정적인 마음으로 칭찬과 격려를 꾸준히 해준다면 아이가 자신감을 갖는데 큰 도움이 될 것입니다.

코칭 2단계
학습 자신감 형성

민수에게 가장 필요한 것은 공부할 때 무엇이 중요한지 파악하는 핵심을 잡아내는 과정이다. 따라서 수업시간이나 공부를 할 때 집중해서 한다면 무엇이 중요한지를 파악한다는 공부 습관은 생각보다 쉽게 자리를 잡을 것이다.

시간관리 습관

우선 하루하루를 어떻게 보내는지 알아보기 위해 시간사용 내역를 작성하도록 했다.

▶결과

시간사용 내역를 살펴본 결과 학교수업이 끝난 후엔 친구와 시간을 보내거나 TV 보기, 컴퓨터, 운동 등을 하며 저녁까지 시간을 주로 보내고, 저녁식사 이후엔 가족들과 대화를 하며 보내는 편이다. 현재 특별히 공부에 할애하는 시간이 없어 방과 후 복습시간을 조금씩 확보하면 무난히 공부 습관이 형성될 것으로 생각한다.

수업내용 떠올리기

수업시간표를 가져오게 하여 수업시간표에 따라 수업내용을 말해보게 했다. 조금씩은 기억하고 있으나 자세히는 기억하지 못했다.

▶결과

에빙하우스의 망각곡선에 대한 이론과 영상을 통해 기억 형성 과정과 기억의 원리에 대해서 설명해줬다. 이 기억의 원리에 따라 공부를 해야 공부 효율을 높일 수 있다는 걸 이해하고 나서는 매일 공부를 해야 한다는 사실을 깨달았다.

수업내용 복습하기

하루에 1과목씩 교과서 복습을 하도록 정해주고, 교과서를 복습할 때는 3번 이상 누적복습을 해야 되는 이유를 에빙하우스의 망각곡선을 통해 이해시켰다.

▶결과

민수 역시 교과서의 그림과 표 등은 그냥 지나치는 경향이 있어 공부한 내용을 확인할 때 그림과 표를 봤는지 확인했다.

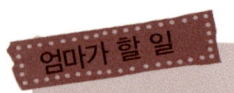

공부한 내용에 대해 질문을 해보면, 아이가 얼마나 이해하고 기억하고 있는지 쉽게 점검해볼 수 있습니다. 에피소드 기억을 통해 공부한 내용들을 오랫동안 기억할 수 있도록 도와줄 수도 있으며, 특히 묻고 답하는 과정에서 자연스럽게 대화가 이뤄져 아이와의 거리감을 좁히는 역할까지 하게 됩니다.

생활습관 개선

공부 습관을 제외하고는 크게 개선할 게 없을 만큼 좋았다. 단지 수업 후 교과서가 깨끗해, 이 습관을 바꾸는 것이 필요하고, 특히 중요 내용을 기록하거나 밑줄 친 흔적이 거의 없었다. 그렇다고 수업시간에 떠들거나 장난을 하는 것은 아니어서, 수업시간에 중요 내용을 꼭 적도록 하고, 교과서에 밑줄을 치는 습관을 들이게 했다.

암기카드의 활용

교과서를 누적복습하며 과목마다 암기카드 2~3장씩만 작성하도록 했다.

▶결과

교과서 누적복습은 잘 해나갔으나 암기카드 작성이 부족했다. 전날 공부한 내용을 가지고 암기카드 작성을 함께 해보며 익숙해지자 차츰 능숙해졌다.

핵심을 잡기 어려워하는 아이는 암기카드 만드는 것이 쉽지 않기 때문에, 처음부터 아이 혼자서 하도록 놓아두지 말고, 문장을 같이 읽고 단어를 선택하는 것을 놀이처럼 함께 해보도록 합니다. 차츰 문맥을 이해하게 되면 주제어나 핵심어를 찾는 게 쉬워집니다.

신문기사나 논설문 등 주제가 확실한 글들을 통해 주제를 잡는 연습을 해보는 것도 좋은 방법이 될 것입니다.

코칭 3단계
학습 성취감 형성

집중력이 높고 하고자 하는 의욕이 컸던 민수는 습관화 단계를 거치면서 확실히 변화하는 모습을 보였다. 학습의 기억력을 높이기 위해서는 반복학습이 필수인데, 자칫 지루해질 것을 염려해 성취도를 올리는 방법과 좀 더 적절한 동기부여가 필요했다.

수업일기 작성하기

수업내용을 복습하여 기억을 떠올리기 쉽게 수업일기를 작성하도록 하자, 1주일도 안 돼서 수업일기를 굉장히 잘 작성하기 시작했다. 공부 방법을 알게 되자 빠르게 적응해나갔다.

수업내용 떠올리기

수업의 핵심내용들을 대부분 떠올리기 시작했다.

수업내용 복습하기

방과 후에 공부하는 교과서 복습을 2과목으로 늘렸다. 이때 교과서와 함께 노트, 프린트 물도 함께 꼭 보도록 했다. 교과서를 누적복습하고 노트와 프린트 물까지 누적복습을 하게 되면서 9번 이상 보는 내용까지 생겼다. 이때 누적복습 횟수는 정확히 표시하도록 했다.

학원에 다니지 않으므로 참고서를 사서 교과서와 함께 보도록 하고, 문제집을 사서 누적복습을 한 후, 문제집으로 확인하도록 했다. 3회 이상 누적복습한 교과서 부분은 질문과 답을 하는 형식으로 확인을 하도록 했다.

▶**결과**
민수는 누적복습을 한 부분에 대해선 80% 이상 모두 기억하게 되었다. 반복학습으로 기억력이 좋아진 것을 확인하자 부족한 부분의 누적복습 횟수를 늘리는 것을 힘들어하지 않았다.

완전학습 노트 필기
교과서 누적복습이 원활하게 진행되고 있으므로 완전학습 노트 필기법을 시작했다. 처음엔 수업내용을 완전학습 노트 형식에 맞추어 기록하게 하고, 집에서 복습하며 이해, 암기 칸까지 작성하도록 했다.

일일 계획표 및 주간 계획표 작성
시간사용 내역를 다시 작성해보고, 공부할 수 있는 시간을 정해서 일일 계획표와 주간 계획표를 작성했다. 1주일 정도 지나자 일일 계획표를 작성하는 것이 습관으로 자리 잡았다.

이에 반해 주간 계획 실천은 높지 않아 다시 점검해 실천 가능한 범위로 수정해서 재작성하게 했다. 방과 후 친구들과 놀 수 있는 시간을 조금 더 확보하도록 하고, 대신 저녁식사 이후 복습하며 문제를 푸는 시간을 늘렸다.

처음 계획을 세울 때는 아이가 계획대로 잘하지 못하더라도 인내심을 가지고 할 수 있을 때까지 기다려주는 것이 중요합니다. 한 번 세워놓은 계획표라도 끝까지 지키는 것만을 강요해 아이에게 부담을 주는 것이 아니라, 상황과 아이가 원하는 것 등을 적절하게 조합해 여러 번 수정을 통해 아이가 실제로 실천할 수 있는 계획표를 찾아내는 것이 필요합니다.

암기카드 활용

암기카드를 작성할 때 과목명, 날짜, 카드 암기 횟수를 함께 기록하도록 하고, 암기카드 만드는 것을 과목별 3~5장으로 늘렸다.

스톱워치 활용

교과내용을 확인하는 문제풀이 속도 및 집중도가 아직은 낮은 듯하여 스톱워치를 사용하게 했다. 문제풀이를 시작하면서 스톱워치를 누르고 문제풀이가 끝나는 즉시 스톱워치를 다시 눌러 걸린 시간을 확인하는 방법으로, 이는 공부에 게임요소가 가미되어 재미와 성취감을 자연스럽게 느낄 수 있다. 또한 집중력과 기억력이 빠른 속도로 향상될 수 있어, 시간이 정해진 시험을 볼 때 긴장하거나 조급해지지 않아 시험에 강해질 수 있다.

공신들의 책으로 대화하기

박원희 씨가 쓴《공부 9단 오기 10단》같은 공신들의 책을 읽은 후 느낀 점, 저자의 공부 방법, 자신과 비슷한 점, 틀린 점, 닮고 싶은 부분, 자신에게 필요한 부분 등에 대해 대화를 나누면 학습동기부여가 된다.

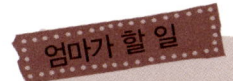

시중에는 공신들이 쓴 책이 많이 나와 있습니다. 이 책들을 아이와 함께 읽고 대화를 나누게 되면 독해력, 이해력이 증가하는 것은 물론 학습동기부여까지 높여주는 효과를 얻을 수 있습니다.

코칭 4단계
완전학습 습관 형성

민수는 방법을 몰라 공부에 대한 성취도가 떨어졌던 경우라 자신에게 맞는 공부 방법을 습득한 이후에는 눈에 띄게 성과가 나타났다. 이처럼 아이가 공부를 싫어서 하지 않는 것과 하고 싶은데 방법을 몰라 못하는 경우를 부모가 제대로 파악해 이끌어줄 필요가 있다.

수업일기 작성하기

수업일기를 바탕으로 수업의 중요 내용들을 대부분 떠올리기 시작했다. 이는 수업 집중도가 좋아졌다는 것을 뜻하며, 수업일기를 통해 5분 복습이 큰 효과를 보고 있다고 할 수 있다.

개념도 만들기

교과서에 밑줄을 그을 때는 처음엔 연필, 두 번째는 색볼펜, 세 번째는 형광펜을 사용하도록 해, 쉽게 횟수와 중요한 부분을 확인할 수 있게 했다.

교과서 내용을 추가 복습 후 완전학습 노트의 요약 칸을 작성하며 개념도를 만드는 훈련을 시작했다.

수업내용 복습하기

집에서 복습하는 과목을 그날 배운 주요 과목 중에서 3과목 이상으로 하고, 교과서 학습 성취도가 높아진 후에는 복습이 끝나면 다음 시간에 대해 예습을 하도록 했다. 이때 과목당 예습 시간은 5~10분 정도씩만 하는 것이 적당하며, 어떤 내용에 대해서 공부할 것인지만 알고 있으면 된다.

일일 계획표 및 주간 계획표 작성

주간 계획과 일일 계획의 실천도가 높아져 중간 단계의 일일 계획을 작성하도록 했다. 이때는 스스로 계획을 실천했는지 못했는지를 점검하게 했다.

완전학습 노트 필기

완전학습 노트에 질문 칸을 작성하고, 마지막으로 예습 칸을 작성해 예습-수업-복습의 3단계 학습이 완성되기 시작했다.

암기카드 활용

그동안 만든 암기 카드들로 암기한 것을 점검했다.

엄마가 할 일

암기카드 내용이 어느 정도 암기된 상태인지 파악하는 것이 중요합니다. 민수는 80% 정도 암기된 상태라 반복이 좀 더 필요한 내용을 스스로 판단해 2~3회 정도 더 주기적으로 반복하게 했습니다. 이처럼 완전히 내용을 익히도록 과목이나 내용에 따라 반복 횟수를 다르게 해야 함을 아이들이 깨달을 수 있도록 도와줘야 합니다.

스톱워치 활용

스톱워치를 사용하는 것에 굉장한 흥미를 느끼고 있어 문제풀이뿐만 아니라 교과서 누적복습이나 카드를 암기할 때도 스톱워치를 사용하도록 했다.

▶결과

스톱워치가 생활화되어 집중력과 기억력이 좋아졌으며, 문제풀이 속도가 크게 향상되었다고 스스로 뿌듯하게 느꼈다.

코칭 결과
공부에 자신감이 생긴 민수

쉬는 시간마다 수업시간에 배웠던 내용 가운데 중요한 사항은 필기한 것을 확인해 수업일기를 작성하게 되었다. 이를 가지고 점심시간에 암기카드를 만들기도 하면서, 가장 중요한 공부에 재미를 붙이기 시작했다. 단원평가에서 평균 95점을 받고는 평균 90점이 넘은 것은 처음이라며 스스로 굉장히 놀라고 들떠 있다.

민수에게 가장 중요한 것은 공부에 대한 자신감이 생긴 것으로, 노력하면 만점을 받을 수도 있다고 말할 정도가 된 것이다. 특히 스스로 주간 계획을 세우고 일일 계획을 세워 평가하고 점검하는 습관이 형성된 것은 괄목할 만한 일이다.

공부하는 시간과 노는 시간을 적절히 배분해 스스로 시간을 관리해나감에 따라 더 활발해지고 자신감에 차 있으며, 이제 더 나은 목표를 설정해 각오를 다지며, 최고를 향해 노력하는 사람이 되기로 했다.

부록

이 테스트는 여러분의 공부하는 요령, 습관, 태도 등을 알아보고, 보다 능률적이고 효과적으로 공부하는 데 필요한 여러 가지 도움을 주기 위해 만들어진 자기주도학습법 검사입니다.

답하는 요령은 질문을 하나씩 차례대로 읽어가면서 그것이 평소 자기 자신이 공부할 때의 요령, 습관, 생각과 맞는 것에 'O'을 표시하면 됩니다. 이 검사는 시간이 제한되어 있지는 않습니다. 그러나 될 수 있는 대로 빨리 답하고, 한 문제라도 답하지 않고 넘어가는 일이 없도록 주의하시기 바랍니다.

■ 정신관리

1. 장래에 꼭 이루고 싶은 꿈과 목표가 있다. ( )
2. 꿈과 목표를 달성하는 데 공부가 필요하다고 생각한다. ( )
3. 미리 공부할 분량과 목표를 정해두고 공부한다. ( )
4. 새로운 학기가 시작되면 공부를 얼마나 할지 과목별로 학습목표를 정한다.
( )
5. 공부를 열심히 해야만 하는 나만의 확실하고 구체적인 이유가 있다. ( )
6. 시험은 내가 공부한 결과를 점검하기 위해서다. ( )
7. 공부는 부모님이나 선생님이 아닌 나를 위해서 하는 것이다. ( )
8. 누가 시키지 않아도 스스로 혼자 공부할 때가 있다. ( )
9. 진로에 대한 부모님과 나의 의견차를 조율하기 위해 충분히 대화하고 있다.
( )
10. 나의 적성과 능력을 잘 알고 있는 편이다. ( )

■ 환경관리

1. 공부방과 책상 위 등은 깔끔하게 정리해둔다. ( )
2. 게임이나 TV 때문에 새벽까지 잠을 안 자는 경우는 별로 없다. ( )
3. 휴대전화와 컴퓨터 사용은 적절한 편이다. ( )
4. 이성친구 때문에 고민한 적이 없는 편이다. ( )
5. 부모님과 대화를 잘하는 편이다. ( )
6. 책상 위에는 공부에 관련 있는 물건만 둔다. ( )
7. 공부에 필요한 물건들은 미리 준비해둔다. ( )
8. 공부할 때 음식을 가까이하지 않는다. ( )
9. 공부방에서 컴퓨터나 TV를 멀리 둔다. ( )
10. 마음이 잘 통하는 친한 친구가 3명은 된다. ( )

■ 건강관리

1. 정상체중을 유지하고 있어서 다이어트에 크게 신경 쓰지 않는다. ( )
2. 몸에 이상이 있거나 아프면 주변에 알려 즉시 치료하려고 노력한다. ( )
3. 몸이 아파서 지각이나 결석, 조퇴를 하는 경우는 거의 없다. ( )
4. 잠자는 시간이 충분해서 수면 부족을 느끼지 않는다. ( )
5. 매끼 식사는 거르지 않는 편이며 아침은 꼭 챙겨 먹는다. ( )
6. 매일 가벼운 운동이라도 거르지 않고 하는 편이다. ( )
7. 아침에 잠자리에서 뒤척이지 않고 금방 일어난다. ( )
8. 항상 밝고 긍정적인 생각으로 잘 웃는 편이다. ( )
9. 커피나 탄산음료, 패스트푸드를 즐겨 먹지 않는다. ( )
10. 건강에 대해 관심이 많고 공부를 하는데 건강이 가장 중요하다고 생각한다. ( )

■ 학습관리

1. 전에 배운 내용과 다음날 배울 내용을 알고 있는지 생각해본다. ( )
2. 책을 읽으면서 중요하다고 생각되는 것에는 밑줄을 긋거나 표시를 해둔다. ( )
3. 책을 읽을 때 굵은 글씨 등은 자세히 본다. ( )
4. 어떤 일에 대해 의문이 생기면 그것이 맞는지 확인해본다. ( )
5. 교과서나 책을 볼 때 요점을 찾아가면서 본다. ( )
6. 계획대로 공부했는지 확인한다. ( )
7. 교과서나 참고서, 책을 한 번 읽은 후에 반복해서 다시 읽는다. ( )
8. 예습과 복습은 미루지 않고 잘한다. ( )
9. 나에게 맞는 가장 좋은 공부법을 찾기 위해 노력하는 편이다. ( )
10. 수업 중에 선생님 말씀을 잘 듣고 노트 필기도 열심히 한다. ( )

■ 시간관리

1. 주말이나 공휴일에도 공부할 계획을 세운다. ( )
2. TV 시청과 컴퓨터는 정해진 시간에만 하고, 노는 것도 정해진 시간에만 한다. ( )
3. 공부하기 전에 공부할 과목, 분량, 시간에 대해 미리 계획을 세워둔다.( )
4. 시간 부족 때문에 공부에 지장을 받지는 않는다. ( )
5. 평소에 열심히 공부하여, 시험 보기 전에 벼락치기를 하지 않는 편이다. ( )
6. 주어진 시간에 계획한 대로 학습과제를 마치는 경우가 많다. ( )
7. 내가 이용 가능한 시간을 고려해서 매주 학습계획을 세운다. ( )
8. 등하교 시간이나 쉬는 시간과 같은 잠깐의 시간에도 공부하려고 노력한다. ( )
9. 공부계획에 우선순위를 반드시 정해서 무엇을 먼저 할지 고민한다. ( )
10. 공부계획을 세울 때 내가 공부하는 속도를 계산할 수 있다. ( )

■ 집중력

1. 집중력 향상을 위한 나만의 방법이 있다. ( )
2. 항상 보는 것도 그냥 보아 넘기지 않고 꼼꼼하게 살펴본다. ( )
3. 무엇을 기억해야 할 때는 정신을 집중하기 위해 노력한다. ( )
4. TV, 게임, 운동, 만화책 등에 열중할 때 누가 불러도 모를 때가 있다. ( )
5. 주변에서 나는 소리에 신경이 흐트러지지 않는다. ( )
6. 시끄러운 곳 보다는 조용한 곳에 있을 때 편안함을 느낀다. ( )
7. 공부에 집중하기 위해 공부할 땐 휴대전화를 꺼둔다. ( )
8. 친구나 주변 사람에게 집중력 향상을 위한 비법을 물어본 적이 있다. ( )
9. 집중력을 방해하는 원인을 알고 있고 그 원인을 제거하기 위해 노력하는 편이다. ( )
10. 집중이 잘 되어서 공부를 평소보다 많이 할 수 있었던 경험이 있다. ( )

■ 이해력

1. 평소에 교과서나 참고서 이외의 책도 많이 읽는 편이다. ( )
2. 책을 읽기 전에 목차와 학습목표, 주제를 반드시 확인한다. ( )
3. 다른 친구들에게 교과 내용을 설명해주는 일이 많다. ( )
4. 선생님이 말씀하시는 내용을 대부분 이해할 수 있다. ( )
5. 책을 읽을 때는 미리 전체 내용을 대충 한 번 훑어보고 읽기 시작한다. ( )
6. 학교에서 배운 내용을 일상생활에 어떻게 응용할 것인지 생각해본다. ( )
7. 이해가 안 되는 부분은 표시해두었다가 나중에 꼭 다시 살펴본다. ( )
8. 책을 읽다가 어려운 내용이 나오면 알기 쉬운 말로 바꾸어본다. ( )
9. 책을 읽으면서 앞뒤 내용을 서로 연결해서 꼼꼼하게 생각해본다. ( )
10. 어려운 단어나 용어가 나오면 사전이나 용어집을 찾아서 확인한다. ( )

■ 암기력

1. 한 번 기억한 내용을 잊지 않기 위해 주기적으로 반복한다. ( )
2. 암기한 내용은 보지 않고 써보거나 말해봄으로써, 암기 여부를 스스로 확인한다. ( )
3. 평소에 머리가 좋다는 소리를 많이 듣는다. ( )
4. 아는 내용도 확실히 내 것으로 만들기 위해 다시 한 번 보는 편이다. ( )
5. 이해를 필요로 하는 내용은 반드시 확실히 이해하고 암기한다. ( )
6. 한 번에 완벽히 암기하는 방법보다는 여러 번에 걸쳐 암기되도록 한다. ( )
7. 그림이나 도표 등을 그리면서 암기한다. ( )
8. 암기를 잘하기 위해 녹음기나 암기카드와 같은 학습도구를 사용해본 적이 있다. ( )
9. 기억하기 전에 쉽게 기억하는 방법을 찾아보고 기억한다. ( )
10. 새로운 것을 기억할 때 이미 아는 것과 관련지어 기억한다. ( )

■ 정리의 기술

1. 책을 읽고 난 후 읽은 내용을 간단히 요약해서 기록해본다. ( )
2. 교과서나 책을 읽으면서 요점과 중요한 내용은 책의 빈 곳에 기록해둔다. ( )
3. 어려운 말은 내가 이해하기 쉬운 말로 바꾸어가며 필기한다. ( )
4. 수업 후에 필기내용을 보고 빠진 부분을 채운다. ( )
5. 복습이나 시험공부 할 때는 필기한 노트를 함께 본다. ( )
6. 친구들에게 노트한 것을 빌려주는 경우가 많다. ( )
7. 필기할 때는 복습하며 내용을 추가하기 위해 여백을 남겨둔다. ( )
8. 평소에 무엇이든 메모해두는 편이다. ( )
9. 필기내용을 마인드맵 형식으로 정리해둔다. ( )
10. 시험 준비를 할 때는 공부하기 편하게 노트를 따로 정리한다. ( )

■ 시험의 기술

1. 시험이 끝난 후에 틀린 문제는 다시 풀며 틀린 이유를 살펴본다. ( )
2. 시험지를 받으면 문제 전체를 훑어본 다음에 풀기 시작한다. ( )
3. 시험공부 할 때는 시험에 어떤 것이 나올까를 미리 생각해본다. ( )
4. 시험을 칠 때 아는 문제를 틀리는 경우가 거의 없다. ( )
5. 시험지를 제출하기 전에 답을 잘 썼는지 확인한다. ( )
6. 시험 볼 때 모르는 문제는 지나가고 아는 문제부터 풀어나간다. ( )
7. 지난 시험지를 모았다가 다음 시험 때에 학습한다. ( )
8. 시험지를 받으면 잊어버리기 쉬운 공식이나 단어를 여백에 기록해둔다. ( )
9. 시험 전날은 최소 6시간 이상 수면을 취한다. ( )
10. 첫 시간 시험이 끝나면 다음 시간만 생각한다. ( )

결과 분석표

점수 계산 방법

우선 각 항목 당 'O'의 개수를 세어봅니다. 각 항목은 10점 만점이고 10가지 항목의 점수를 모두 더하면 총 점수100점 만점가 됩니다.

항 목	정신관리	환경관리	건강관리	학습관리	시간관리	합계
점 수	개	개	개	개	개	
항 목	집중력	이해력	암기력	정리의 기술	시험의 기술	개
점 수	개	개	개	개	개	

Q 우리 아이의 학습법 테스트 결과가 좋지 않아 걱정스럽습니다. 어떻게 하면 좋을까요?

A 학습법 테스트의 결과가 기대보다 낮다면 조금은 상심하고 당혹스러울 거라 생각됩니다.

학습법 테스트를 구성하고 있는 내용은 학습법 서적과 관련 자료를 철저히 분석하여 '이상적인 우등생'의 모습을 구체화시켜 놓은 것입니다. 공부를 제대로 해본 경험이 없는 학생이나 학년이 어린 학생, 이제 막 공부에 관심을 두는 학생이라면 누구나 기대보다 낮은 점수를 얻게 될 것입니다. 하지만 생각을 바꿔보면 우등생을 위한 기본적인 요건 중에서 몇 % 정도를 이미 보유하고 있는 것이니, 앞으로 공부를 해나가면서 하나씩 좋은 공부 습관을 들인다면 공부를 잘할 수 있을 거란 희망을 가질 수 있습니다.

모든 것은 '자신을 아는 것'에서 부터 시작합니다. 이번 기회를 통해 막연하게만 알고 있던 자녀의 학습법에 대해 구체적인 분석을 하셨을 거라 생각됩니다. 이제 어떤 부분을 잘하고 있고 어떤 부분이 부족한지 확실하게 파악하셨으니 장점은 살리고 단점은 보완해, 자녀의 것에 모든 것을 집중하면 될 것입니다. 씨를 뿌렸으니 햇빛과 물, 영양분을 듬뿍 주어서 잘 가꾸는 일만 남았습니다. 이 세상에서 가장 아름다운 꽃을 피우게 되길 기원합니다.

Q 예습과 복습 중에 어느 쪽이 더 효과적인가요?

A 결론부터 말씀드리면 예습과 복습 중에서 어느 쪽을 해야 하는지가 문제가 아니라 예습과 수업, 복습으로 이어지는 3단계 학습을 충실히 수행해야 효과적인 학습을 할 수 있습니다. 그런데 대부분의 학생이 학원과 과외에 시간을 빼앗기기 때문에 예습과 복습을 할 엄두를 못 내는 것이 현실입니다.

사교육에 길들어 있는 이러한 학생들의 현실을 고려해볼 때 3가지 중에 가장 우선해야 할 것은 수업이고, 그다음이 복습이며, 마지막이 예습입니다. 그런데 예습을 어떻게 하느냐에 따라서 수업이 달라지고, 수업의 질에 따라서 복습 내용이 달라지므로 예습-수업-복습을 차례대로 하는 것이 바람직합니다.

예습-수업-복습으로 이어지는 3단계 학습법은 학습의 불문율로 불리며, 시간관리와 기억의 원리에 맞는 학습법이기 때문에 우등생들의 공통적인 성공 비결이기도 합니다.

필자가 잘 아는 한 마인드코칭 강사는 서울대학교를 나왔는데 학창 시절에 3단계 학습법을 활용해서 '자기가 천재인 줄 알았다'고 할 정도로 탁월한 효과가 검증된 방법입니다. 3단계 학습법도 겉으로는 보이지 않고 머릿속에서 일어나는 일이기 때문에 오해와 편견이 많습니다. 이런 원리를 알게 되면 확실한 동기부여가 되어서 적극적으로 활용하게 될 겁니다. 3단계 학습법을 통해 학생들이 좀 더 즐겁게 공부하면서 효과도 만족할 만큼 거두길 바랍니다.

Q 시간관리를 할 때 무엇을 기준으로 하는 것이 좋을까요?

A 박원희, 금나나, 홍정욱 등 공부 달인들의 공통점은 시간계획을 잘 짜 생활함으로써 시간관리가 잘 된다는 점입니다. 시간관리가 잘 안 되면 숨이 막히고, 공부는 공부대로 안 되고, 뭔가 강박관념도 생깁니다. 이렇게 고민과 스트레스가 쌓이다 보면 미래에 대한 불안감으로 이어집니다.

우리가 미래를 불안해하는 이유는 언제 어디서 어떤 일이 일어날지 모르기 때문입니다. 마치 공포영화를 볼 때 무서워하는 이유가 언제 어디서 뭐가 튀어나올지 모르기 때문인 것과 같습니다. 시간관리도 마찬가지로 뭐가 뭔지 몰라서 두렵게 느껴지는 겁니다.

 일반적으로 시간관리의 기준은 '할 일'과 '시간' 2가지로 나뉩니다. 해야 할 일을 중심으로 우선순위를 나눠서 적절한 시간에 배치하는 것을 '플래닝'이라고 하고, 시간을 중심으로 시간 순서에 따라서 할 일을 배치하는 것을 '스케줄링'이라고 합니다.

 스케줄링의 대표적인 사례가 요즘도 학생들이 많이 활용하는 둥근 원 형식의 시간표이고, 플래닝의 대표적인 사례가 성인들이 많이 쓰는 계획표가 들어간 플래너, 다이어리입니다. 스케줄링보다는 플래닝이 상위 개념이고, 좀 더 체계적인 시간관리법이므로 할 일을 기준으로 시간관리를 하는 것이 바람직합니다.

 우리가 산에 오르기 위해 지도가 필요하고, 바다를 항해하기 위해 나침반이 필요하듯이 매일의 계획을 잘 세우고 실천하기 위해서는 마스터플랜이 필요합니다. 시간관리가 잘 되는 우등생은 최소한 진로/진학에 대한 것부터 직업, 꿈, 사명에 관한 것까지, 짧게는 1년에서 길게는 수십 년까지의 마스터플랜이 짜여 있습니다. 매일의 계획은 그 마스터플랜을 기준으로 해서 정해지는 것이지요. 하지만 시간관리가 잘 안 되고 공부를 못하는 사람들은 마스터플랜이 없이 '언 발에 오줌 누기'처럼 응급처치식의 매일 계획만 세울 뿐입니다. 결국 자신이 무엇을 위해, 어디로 가고 있는 것인지도 모른 채 그저 매일, 매시간 다람쥐

쳇바퀴 돌듯이 공부만 하는 것입니다.

물론 이렇게 해서 성공하는 경우도 있습니다만 많은 경우 시간과 노력에 비해 성과가 좋지 못하거나 중간에 포기하기 쉽습니다.

"나무를 보기 전에 숲을 보라"는 말도 있듯이 매일의 계획을 세우기 전에 꿈 〉 목표장기, 중기, 단기 〉 계획1년, 6개월, 3개월, 1개월, 1주을 먼저 세워보시기 바랍니다. 꿈, 목표, 계획을 구체적으로 세우는 데 몇 시간이 걸릴 수도 있고 며칠이 걸릴 수도 있습니다. 하지만 한 번 세워놓기만 하면, 그다음부터는 매일의 계획과 실천에 대한 고민에서는 해방될 수 있을 것입니다.

Q 공부 의욕을 잃어가는 아이에게 동기부여를 어떻게 시킬 수 있을까요?

A 동기부여라는 말을 어른들이 많이 쓰는 말로 풀이해보면 '정신 차린다', '어른 된다', '철 든다', '깨달음을 얻는다' 등으로 말할 수 있습니다. 이렇게 풀이해놓고 보면 동기부여가 왜 어렵고 잘 안 되는지 이해할 수 있습니다. 깨달음을 얻은 사람 중에 누가 기억나는지 떠올려보세요. 역사상으로는 석가, 예수, 공자, 원효대사 등이 있을 것이고, 현대에는 성철 스님이 널리 알려진 정도입니다. 수천 년 역사 속에서 손에 꼽을 정도밖

에 되지 않습니다.

물론 공부하는 학생들에게 이렇게 엄청나게 큰 깨달음을 기대하는 것은 아닙니다. 하지만 몸이나 마음의 변화를 통한 동기부여가 작은 것이든 큰 것이든 그만큼이나 어려운 일이라는 것은 인정해야 할 것입니다. 어떤 분은 다른 사람에 의한 동기부여는 절대 불가능하다고 말합니다. '말을 물가까지 끌고 갈 수는 있지만 물을 먹일 수는 없다'는 속담을 봐도 동기부여가 결국 자발적으로 이루어질 수밖에 없다는 것이지요.

다만 동기부여를 위한 환경과 여건과 만들어줄 수는 있습니다. 지금까지 부모님이 해오신 것처럼 꾸준히 옆에서 관심을 두고 지켜보시다 보면 동기부여를 시켜 줄 기회가 많이 보일 것입니다. 그것이 꿈에 관한 것일 수도 있고 공부에 관한 것일 수도 있습니다. 그렇게 기회가 왔을 때 조언이나 칭찬, 격려 등의 방법으로 계속해서 변화를 위한 자극을 주는 것입니다.

동기부여라는 것이 안 되면 참으로 고민거리이지만, 어떤 이유로든 일단 동기부여가 되고 나면 공부를 하지 말라고 해도 하게 되는 아이로 변신하게 됩니다. 그래서 동기부여를 변화를 위한 '마법'이라고도 말합니다. 어떤 사람은 아주 어릴 때 동기부여가 되는 경우도 있고, 또 어떤 사람은 죽을 때까지도 동기부여가 안 되는 경우도 있습니다. 아직 학생이니 앞으로 기회는 무궁무진합니다. 자녀에 대한 변함없는 사랑으로 지켜봐 주시면 됩니다.

Q 집중력과 기억력 향상에 도움이 되는 음식이 있다는데, 뭘 어떻게 먹으면 좋을까요?

A 머리 좋고 총명한 아이, 집중력과 기억력이 뛰어난 아이로 키우고 싶은 것은 모든 엄마의 마음일 겁니다. 그런데 어떤 음식이 아이의 뇌에 좋은지 잘 모르는 경우가 많습니다. 머리도 좋아지고 몸도 튼튼해지는 음식과 올바른 식습관 형성은 공부 습관에 큰 영향을 미칩니다.

호두, 잣, 아몬드, 땅콩, 참깨, 검은깨, 현미 같은 견과류는 불포화 지방산이 많아서 뇌 세포를 성장시킵니다. 등푸른생선과 해물 등에 있는 지방산은 몸에 흡수되면서 DHA로 변하기 때문에 뇌 기능을 강화합니다. 미역, 김, 파래, 톳, 다시마 같은 해조류는 비타민과 무기질이 풍부해서 두뇌 활동을 활발하게 해줍니다. 콩류는 레시틴과 사포닌이 많아서 뇌 세포의 노화를 막아줍니다. 과일과 야채는 비타민C가 풍부하므로 스트레스를 없앱니다. 육류에는 철분은 두뇌활동을 활발하게 합니다.

머리가 좋아지는 식습관에는 5가지가 있습니다.

첫째, 뇌가 활발하게 움직이려면 충분한 에너지가 필요하기 때문에 아침을 꼭 챙겨 먹는 것이 좋습니다.
둘째, 음식을 꼭꼭 씹어 먹는 것만으로도 뇌의 훈련이 됩니다.
셋째, 여러 가지 맛으로 미각을 자극하면 뇌도 발달됩니다.

넷째, 불균형한 영양 섭취가 되지 않도록 골고루 먹으면 뇌에 좋습니다.

다섯째, 인스턴트식품이나 패스트푸드는 아연을 없애므로, 뇌를 위해서 피하는 것이 좋습니다.

무엇보다 중요한 것은 어머니의 사랑이 듬뿍 담긴 음식을 맛있게 먹는 것입니다.

Q 아이 공부방을 새로 꾸미려고 하는데 어떤 색깔이 좋을까요?

A 공부를 잘하는 우등생이 되려면 최적의 공부환경을 만드는 것이 중요합니다. 어찌 보면 부모님의 역할이 가장 크게 영향을 미치는 요소 중의 하나라고도 할 수 있습니다. 기본적으로 중요한 공부환경의 요소는 책상과 의자, 위치, 소리, 향기, 조명, 환기, 벽지 색깔 등이 있는데, 구체적인 내용은 다음과 같습니다.

첫째, 온도와 습도를 적정하게 유지해야 합니다. 불쾌지수가 여름에는 60~65, 겨울에는 55~60이 넘지 않아야 합니다.

둘째, 환기를 위해 바깥 공기가 실내로 잘 들어오게 합니다.

셋째, 소음이 들리지 않도록 유의합니다.

넷째, 진동이 생기거나 느껴지지 않도록 합니다.

다섯째, 전자파의 강도가 2mG 미만이 되도록 합니다.

여섯째, 조명은 직접조명과 간접조명을 함께 활용하고, 밝기는 60~100룩스가 좋습니다.

일곱째, 공부할 때는 음악을 듣지 않는 것이 좋으며, 꼭 들어야 한다면 가사가 없는 클래식 바로크 음악을 듣는 것이 좋습니다.

이외에도 벽지 색깔이 공부에 집중할 수 있는 시간과 눈의 피로 등에 영향을 주기 때문에, 공부방 벽지 색깔을 고를 때는 유행을 따르거나 집안 분위기에 맞추지 않는 것이 좋습니다.

벽지의 색은 집안 분위기에 영향을 미치는 데, 활기차고 화목한 집안 분위기에는 주황색, 남편의 금연과 가족의 건강을 위해서는 연두색, 애정 넘치는 부부 공간을 위해서는 빨간색과 분홍색, 온 가족의 다이어트를 위해서는 파란색, 아이의 편식을 해결하려면 노란색과 주황색 등이 효과가 있다고 알려져 있습니다.

어떤 색깔이 좋은지는 성격과 나이에 따라 다르지만 유치원생이나 초등학생의 방은 빨간색, 주황색, 노란색 등 밝고 화사한 자극을 주는 따뜻한 계통의 색이 좋습니다. 중·고등학생은 녹색과 파란색 등 신선하고 상큼한 느낌을 주는 차가운 계통의 색이 좋습니다.

Q 유치원생이나 초등학교 저학년의 경우 가장 신경을 써야 할 부분이 무엇일까요?

A 아이들이 아직 어릴 때는 공부를 해야 할 내용이 그리 많지 않기 때문에 학습법이 크게 필요하지는 않습니다. 보통 10살 정도까지는 나이를 먹을수록 나타나는 발달 단계에 따른 일반적인 학습법을 적용하면 됩니다. 다만 몇 가지는 확실히 해두는 것이 좋습니다.

우선 기억의 원리와 학습의 원리에 따라서 뭔가를 배울 수 있게 지도해야 합니다. 원리는 변하지 않는 것이므로 어릴 때부터 '5회 이상의 누적복습'과 '자연적 사고/학습기술'에 따라 학습해온 아이들은 학습 능력이 좋아지기 때문에 나중에 쉽게 어려운 내용과 많은 분량에 적응할 수 있습니다.

둘째, 독서습관입니다. 공부는 대부분 책을 통해 이루어지기 때문에 얼마나 책과 친하냐가 공부의 관건입니다. 따라서 어릴 때부터 책과 친해질 수 있도록 독서환경을 만들어주는 것이 중요합니다.

셋째, 한자 능력입니다. 학년이 올라갈수록 어려운 한자어가 많이 나오는데, 어휘력이 떨어져서 학습 내용을 제대로 이해하지 못하는 경우가 많습니다. 따라서 영어 공부보다 우리말 공부가 우선이며, 그 중심에 한자 공부가 있습니다.

넷째, 수리 능력입니다. 영어를 못하면 평생이 괴롭고, 수학을 못하면 대학 갈 때까지 괴롭다는 말이 있습니다. 원하는 대학과 학과를 들어가기 위해서 수학 점수가 결정적인 영향을 미치는 경우가 많은데, 그만큼 수학을 어려워하는 학생이 많다는 증거이기도 합니다.

초등학교 4학년이 되면 다른 과목과 마찬가지로 수학도 갑자기 어려워지는데, 초등학교 3학년 때까지 정수의 사칙 연산을 완벽하게 숙달해야 합니다. 그래야 초등 고학년에서 배우는 분수의 사칙 연산, 중학교에서 배우는 방정식, 고등학교에서 배우는 함수와 미분, 적분을 이해할 수 있습니다.

다섯째, 꿈과 목표입니다. 무슨 일이든 마찬가지겠지만 공부에도 동기부여가 중요합니다. 그런데 학습동기부여에 가장 큰 영향을 미치는 요소가 바로 명확한 꿈과 목표입니다. 꿈과 목표가 없으면 어디로 가야 할 지도 모르고 헤매면서 시키는 대로 억지로 공부합니다. 당연히 '제발 공부 좀 해라'라는 잔소리가 끊이지 않습니다. 반면 꿈과 목표가 분명하면 가야 할 방향을 정확히 알고 공부하기 때문에 스스로 알아서 열심히 공부합니다. 모든 부모님의 바람이기도 한 '제발 공부 좀 그만 해라, 그러다 어떻게 되겠다'라는 소리를 자주 듣게 됩니다.

미국의 학부모를 대상으로 설문조사를 했더니 아이가 공부를 잘하기를 바라는 부모보다 아이가 꿈과 목표를 갖고 올바르게 자라기를 바라는 부모의 아이들이 성적이 더 좋았다고 합니다. 무엇이 중요한지 다시 한 번 곰곰이 생각해보시기 바랍니다.

한국학습법센터 교육 프로그램

		테마	세부 내용
학생	특강	자기주도학습의 비결	※성공의 불문율 : 꿈과 목표를 현실로 만드는 방법 ※성공인의 사례 분석 : 글, 사진, 소리, 장소, 동영상 활용법 ※기억의 원리와 망각곡선 이론의 이해 ※예습-수업-복습 3단계 학습법의 이해
	1	학습 동기부여	※공부의 핵심 키워드, 공부공식 ※완전학습 이론, 학습 동기부여의 4요소
	2	실전 학습법 베스트 1	※카드 드림보드(사명, 비전, 꿈, 목표) 만들기 ※카드 플래너(주간계획, 일간계획) 만들기
	3	실전 학습법 베스트 2	※실전 카드 학습법, 객관식 시험의 기술 ※3단계 학습법 실습, 1년 학습계획 세우기
	4	실전 학습법 베스트 3	※집중력 향상법, 정리의 기술 ※완전학습 프로세스, 주관식 시험의 기술
	특징		※우등생이 되고 싶은 초등학생과 중학생을 위한 맞춤 교육 ※성품과 역량을 바탕으로 한 글로벌 리더 양성 과정 ※공부에 관한 'Rule(학습법)'을 쉽고 재미있게 익힐 수 있는 참여식 교육 ※실전 학습법 습득을 통한 지속적인 동기부여 효과 ※긍정적 마음가짐, 올바른 태도와 습관, 자신감 형성에 탁월함
학부모	특강	학습동기부여의 비결	※공부를 즐기는 비결 : 퀴즈로 풀어보는 공부의 원리 ※공부의 핵심 키워드, 학습법의 2가지 조건 ※완전학습(완벽이해+완벽암기)의 이해 ※학습법 동영상 : 즐거움, 자기관리, 자신감, 시간관리 ※학습 동기부여의 4요소 : 이성, 감성, 재미, 꿈
	1	꿈과 목표를 통한 동기부여의 비결	※성공의 불문율 : 꿈을 현실로 만드는 방법 ※성공인의 사례와 실전 활용법
	2	자기주도학습을 통한 동기부여의 비결	※자기주도학습법 : 학습법의 14가지 요소 ※다양한 성공 사례를 통한 자기주도학습 능력 높이기
	3	실전 학습법 베스트 1	※실전 카드 학습법, 객관식 시험의 기술 ※3단계(예습-수업-복습) 학습법, 1년 학습계획 세우기
	4	실전 학습법 베스트 2	※집중력 향상법, 정리의 기술 ※완전학습 프로세스, 주관식 시험의 기술
	특징		※우등생 자녀의 훌륭한 코치와 매니저가 되고 싶은 학부모를 위한 맞춤 교육 ※학습 동기부여의 핵심 요소를 바탕으로 한 명품 학부모 양성 과정 ※자녀의 자기주도학습 능력을 향상 시킬 수 있음 ※학부모와 자녀의 커뮤니케이션을 원활히 할 수 있음 ※명문대 입학 목표달성을 위한 훌륭한 코치와 매니저가 될 수 있음
비고			준비물 : 실습용 기본서, 문구점에서 파는 단어장(공카드), 샤프와 자, 지우개, 3색 볼펜, 형광펜 준비 必 - 준비물 중에 실습용 기본서는 교과서나 참고서 중의 하나를 가져오시면 됩니다.

본문의 내용과 관련된 문의나 의문사항이 있으시면 홈페이지를 찾으시거나 연락주십시오.
한국 학습법 센터 Tel. 02-521-4875 Hp. 010-9468-4875
홈페이지 http://www.htl.kr 전자우편 kamohaeng@hanmail.net